Hetty Draayer
Das Licht in uns

Hetty Draayer

DAS LICHT IN UNS

Chakras
Auras
Energien

Kösel

Übersetzung aus dem Holländischen: Hildegard Höhr, Köln. Die Original-
ausgabe erschien unter dem Titel »Chakras, Auras, Energiën. Het Licht in
ons« bei Mirananda uitgevers B.V., Wassenaar.

CIP-Kurztitelaufnahme der Deutschen Bibliothek

Draayer, Hetty:
Das Licht in uns: Chakras – Auras – Energien /
Hetty Draayer. [Übers. aus d. Holländ.: Hildegard
Höhr]. – München: Kösel, 1986.
Einheitssacht.: Chakras, Auras, Energiën <dt.>
ISBN 3-466-34130-2

Copyright 1983 by Mirananda uitgevers B.V. (Carolus Verhulst)
© 1986 für die deutsche Ausgabe by Kösel-Verlag GmbH & Co., München
Printed in Germany. Alle Rechte vorbehalten.
Gesamtherstellung: Kösel, Kempten.
Umschlag: Günther Oberhauser, München, unter Verwendung eines Fotos
von Lothar Nahler, Hillesheim.
Frontispiz: Lothar Nahler. Zeichnungen: Chrisje Cox und Peter Paul
Draayer.
ISBN 3-466-34130-2

Inhalt

Das Auge ist des Leibes Licht.
Wenn dein Auge klar ist,
ist auch dein ganzer Leib hell erleuchtet.

Matthäus 6,22

Vorwort

Es fällt mir schwer, mich zu begrenzen, wenn ich über eine Welt in meinem Inneren schreibe, die seit dreißig Jahren mehr und mehr mit der Welt außerhalb von mir eins geworden ist.

Mit der Zeit habe ich immer deutlicher wahrgenommen, daß Menschen auf verschiedenen Bewußtseinsebenen leben und daß dadurch Unverständnis, Mißverständnisse und Aggression entstehen, die aufgelöst werden können, wenn wir die Chakras harmonisch miteinander verbinden, wenn wir von unserer Chi-Quelle, dem kosmischen Auge, her atmen und von innen heraus mit unserem vergrößerten rechten Auge zu regulieren lernen. Dann befinden sich Yin und Yang im Gleichgewicht, und wir leben im Tao. Dann verändert sich die Welt sowohl in uns als auch um uns her.

Dies zu vermitteln erfordert ein verschärftes Wahrnehmen und viel Wärme und Liebe zum anderen. Von dem, der zu uns kommt, erfordert es ein Akzeptieren des Lebens im *Jetzt,* wie tief das Leiden auch sein mag, wie unglücklich und einsam man sich auch fühlt. Außerdem erfordert es eine aufrechte und objektive Einsicht in das eigene So-Sein, Selbstdisziplin und tägliches sich Wenden nach innen.

Ebenso wie in meinen beiden vorausgegangenen Büchern geht es in diesem Buch nämlich um das immer tiefere Öffnen der Wege des Lichts in uns. Dies muß täglich aufrechterhalten werden, denn sonst entsteht eine Kluft zwischen dem Kind in uns, das hinter unserer Bewußtwerdung zurückbleibt, und dem Beschreiten dieses Weges zum vollen Erwachsensein. Dieses zurückgebliebene Kind ist trotzig, aggressiv, mißtrauisch, traurig und gierig, und es sehnt sich danach, auf den Schoß genommen und umarmt zu werden. Um ihm die Möglichkeit zu geben, in diesem Bewußtwerdungsprozeß mitzuwachsen, sagen wir uns:

> Geh ' langsam, lauf' nicht,
> denn das Kind deines Ichs,
> das ewig neugeborene,
> kann dir nicht folgen!

Gehen Sie zu diesem Kind zurück und nehmen Sie es an die Hand, hören Sie ihm zu, gegebenenfalls mit Hilfe von außen. Das ist sehr wichtig.

Das Sehen mit dem Stirnauge verbindet den Gegensatz des rechten und linken Auges zu einer Einheit, wobei das Bewußte und das Unbewußte durchleuchtet werden. Dabei werden wir uns unseres Schattens bewußt. Wir beginnen zu sehen, wie wir oft das Dunkle, das nicht zu unserem Idealbild von uns selbst paßt, verdrängen und vergessen oder gar auf einen anderen projizieren. Wir müssen versuchen, das Dunkle in uns zu integrieren und den Inhalt des Unbewußten in unser Bewußtsein zu heben.
Mit Hilfe des Lichts in uns lernen wir unsere Mitte kennen, die Quelle in uns, das Selbst. Dieses große Selbst ist die Gesamtheit unserer Person und umfaßt das Bewußte und Unbewußte. Das Licht in uns durchbricht die harte Schale unseres Egos. Wir werden uns der Quelle in uns bewußt, jener Quelle aller Heilung, heilig, ganzmachend, rein. Sie ist in jedem Menschen vorhanden und erreichbar. Lebendiges, heilendes Wasser fließt von unserem Leben zum Leben des anderen hin.
Jede Generation hat ihre eigene Verbindung zu dieser alten Weisheit, in einer eigenen neuen Form und auf eine ihr eigene Art. Wie ein Kanal: »Du durch mich.«

> Sei du eine Braut vor uns,
> Sei du ein leitender Stern über uns,
> Sei du ein ebener Weg vor uns,
> und sei uns ein freundlicher Hirte,
> tags, nachts und immer.
>
> Alexander Carmichaël
> (Aus »The Guardian Angel«)

Spa Balmoral, im Mai 1983   Hetty Draayer

1 Unser Körper als Spiegel

Die meisten von uns werden den Gedanken sofort akzeptieren, daß unser Funktionieren im täglichen Leben von mehreren Faktoren abhängt: von unseren Emotionen, unseren Gefühlen, unserer Gesundheit, von der Leichtigkeit, der Anmut, mit der wir uns bewegen oder auch nicht bewegen, von unserer Körperform, die veränderlich ist und auch davon beeinflußt wird, was und wie wir essen und ob wir viel oder wenig zu uns nehmen, schließlich von unserem Alter, von der Bewegung, die wir uns verschaffen, usw.

Doch gibt es nur wenige unter uns, die mit dem Gedanken vertraut sind, daß unser Körperbau veränderlich ist. Im allgemeinen wird angenommen, unsere Körperstruktur sei etwas Feststehendes – trotz Körperübungen wie denen des Yoga, der Bioenergetik oder der Eutonie, trotz Physiotherapie, gesunder Ernährung, Medizin und Psychotherapie. Viele Menschen leben mit alten Schmerzen sowohl physischer als auch emotioneller Art. Diese Schmerzen hängen oft mit unserem Körperbau zusammen, zum Beispiel mit gekipptem Becken, Verwachsung der Wirbelsäule – vor allem in der Lendengegend –, mit Verdrehung in Höhe des fünften Lendenwirbels, mit Leistenbruch oder anderen Hernien, mit schiefem oder nach vorne gewachsenem Nacken, großen entstellenden Narben nach Operation, Unfall oder Folterung.

Es kann sein, daß sich der ganze Körper um solch eine Narbe »gewickelt« hat. Durch Behandlung mit liebevollen Händen können wir solch ein Schutzsystemn, das sich manchmal bis zu den Fußsohlen hin erstreckt, wieder beseitigen. Dabei lösen sich viele Tränen und viel Kummer. Die letzten tiefen Reste lösen sich aber oft erst dann, wenn wir an uns selbst mit den Energien und dem inneren Licht arbeiten.

Das Eingehen und Reagieren auf Sexualität gehört zu den zentralen Themen unseres Lebens. Sich hierbei adäquat verhalten zu können, hängt auch wieder von unserer Körperstruktur ab. Was aber verstehen wir nun eigentlich unter diesem Wort Körperstruktur?

Ich werde es Sie fühlen lassen.

Übung

Wir sitzen auf einer Bank oder auf einem geraden Stuhl. Unser Körpergewicht ruht auf der Sitzfläche. Wir lassen unsere Arme entspannt los, die Hände liegen auf den Knien.

Wir regulieren unseren Atem vom kosmischen Auge aus, drei Fingerbreit über dem Schambein, in der Nähe des Kreuzbeins. Von dort aus atmen wir ein und bilden rundherum eine Schale in uns, deren Boden wir wahrnehmen: die Haut unseres Beckenbodens.

Dort nehmen wir die Erdkräfte in uns auf. Wir atmen aus und empfangen Licht und Kraft vom Himmel, durch den offenen Scheitel, durch die Wirbelsäule und an ihr entlang, durch das kosmische Auge, durch die Beine, die Fuß-Chakras, aus unseren Fußsohlen hinaus.

Ganz ruhig nehmen wir in uns wahr, wie der Kreuzpunkt von Ein- und Ausatem im kosmischen Auge zu einer kraftvollen Wärme- und Lichtquelle wird.

Mit unserer Aufmerksamkeit bleiben wir bei unserer Quelle und stehen auf.

Wir sehen uns selbst stehen, vertikal, aufrecht vom Scheitel bis zu den Fußsohlen, im Gleichgewicht. Wir ruhen in unserem Becken.

Wir versuchen uns jetzt in die harten, angespannten Stellen einzufühlen, wie zum Beispiel

- die Rückseiten unserer Beine,
- den schmalen Teil unseres Rückens,
- unseren Nacken, mit dem wir auch die Tiefe unseres Beckens abschließen,

- unsere Leisten, durch die Druck auf die Beine ausgeübt wird.

Viel Spannung fließt sofort zum Boden hin ab, wenn wir Raum zwischen Haut und Körper schaffen. Dann steht uns auch die benötigte Energie zur Verfügung.

Wir achten auf die Beziehung zwischen Kopf, Schultern, Oberkörper, Becken, Beinen und Füßen.

Wir nehmen unsere Muskeln wahr:
- unsere Gesichtsnerven,
- unsere Sehnen und Bänder,
- unsere Knochen, Knorpel und Gelenke.

Sie werden noch viel mehr in sich wahrnehmen.

Wir setzen uns wieder hin und atmen weiter von unserem kosmischen Auge aus. Die Beziehung zwischen diesen einzelnen Elementen nennen wir die Struktur unseres Körpers. Zusammen bestimmen sie, wie unser Körper funktioniert.

Durch das bewußte Ein- und Ausatmen, durch das Üben durch unseren Körper hin, durch die offene Haut und durch das Zunehmen der Energien lassen wir alte Streßmuster los, ebenso alte Einstellungen und alte Weisen, an der Welt außerhalb von uns körperlich teilzunehmen.

Wenn wir an uns zu arbeiten beginnen und dabei auf uns selbst zurückgeworfen werden, kann es sein, daß wir uns in unserer Umgebung fremd fühlen, orientierungslos und unsicher. Mit den Menschen um uns herum können wir nicht mehr so umgehen, wie wir es gewohnt waren. Schließlich nehmen wir aber von unserem kosmischen Auge aus durch die offenen Poren unserer Haut die Verbindung mit dem Kosmischen und unserem Kern klarer, warm und leuchtend in uns wahr, und dann fühlen wir uns warm und wohl, beweglich, voller Energie und lebendig.

Auch unserer Mängel werden wir uns bewußt. Wir zweifeln an uns selbst, sind depressiv, weil unser tiefstes Verletztsein, das oft noch aus unserer Kindheit stammt und tief verdrängt war, an die Oberfläche dringt. Das erneute Öffnen und Anschauen schmerzt sehr: Wir finden Entstellungen und Narben von Schmerz und Kummer.

Und dann diese Maske nach außen hin, mit der wir vortäuschen, daß bei uns alles in bester Ordnung ist. Mit der wir vor der Außenwelt verbergen, daß wir uns selbst nicht akzeptieren, uns selbst nicht lieben. Wir verbergen unseren Ärger und unsere Feindseligkeit, indem wir nach außen hin höflich sind. In unserem Körper spiegelt sich dies als Mangel an harmonischem Gleichgewicht in unseren Muskeln.

Jeder von uns kennt diese Gefühle.

Wenn wir uns im Einatmen von unserem kosmischen Auge aus öffnen und fühlen, wie die kosmischen Energien durch uns hindurchströmen, dann nehmen anfangs die Schmerzen, die Krämpfe sogar zu. Wenn wir jedoch durchhalten und weiterüben, lernen wir, wie wir uns selbst helfen und mit uns selbst umgehen können. So wachsen in uns Mut, Vertrauen, Geduld, Dankbarkeit, Heiterkeit, und wir werden erwachsen. Wir werden selbst positiv und ziehen das Positive an.

Die Körperstruktur verbindet die Elemente in unserem Körper und bestimmt, wie unser Körper tatsächlich beschaffen ist und in bezug auf Nervensystem, Blutkreislauf, Verdauung, Lymphdrüsen, endokrines System und Atmung funktioniert.

Die Art und Weise, wie wir mit unserem Körper umgehen, entspringt nicht einem inneren Fühlen: »So fühle ich mich wohl« oder »So ist es gut«, sondern sie folgt dem Muster »So habe ich gelernt, meinen Körper zu benutzen«.

Meisterhaft haben wir gelernt, uns anzupassen, und stets haben wir sogleich eine vorhersehbare Antwort parat, wenn man uns mit etwas Neuem zu konfrontieren versucht. Auch sehen wir uns selbst so gern als warm und zärtlich, frei und kreativ an.

Wenn wir lernen, tiefer in uns selbst wahrzunehmen, spüren wir, wie wir uns an verschiedenen Stellen unseres Körpers anspannen, wenn wir zum Beispiel wütend sind, wie wir unsere Zehen anspannen, wenn wir das Leben nicht schön finden, und unsere Schultern hoch- und unseren Kopf einziehen, wenn wir Angst

14

haben. Sind das nicht alte Verhaltensmuster? Versuchen Sie einmal, gerade dann die Schultern innerlich loszulassen und das alte Muster zu durchbrechen. Indem wir uns unseres Körpers bewußt werden, werden wir uns auch unserer Mitmenschen bewußt. Wir fühlen uns eins mit ihnen.

In der Welt unserer Phantasien und Emotionen ist es so einfach, uns selbst als getrennt vom anderen zu sehen. Selbst wenn wir einem anderen erzählen, was wir denken und fühlen, wissen wir nicht, welchen Wert er dem beimißt, wie er denkt und fühlt, ob er das Gefühl hat, daß dies eine ehrliche Geschichte ist. Aber seine Augen sind erfüllt von unserer Gegenwart, unserem Sprechen, unsere Stimme dringt in seine Gehörgänge ein. Unsere Energieströme, unsere Auras berühren einander und fließen ineinander über. Wir können einander berühren. Wir atmen dieselbe Luft ein. Wir bewegen uns im gleichen Feld der Schwerkraft.

Wenn wir dies alles aufmerksam in uns aufnehmen, ist es schwierig, uns weiterhin von anderen getrennt zu fühlen.

In der Sexualität bezieht Liebe jeden Teil unseres Wesens in die Realität des Einsseins mit ein: unseren Geist, unser Herz, unser Becken, unsere Geschlechtsorgane, unseren Blutkreislauf, unser Nervensystem, unser Gehirn und sogar die Sonne und den Mond in uns. Alle Zellen unseres Körpers.

Liebe ist nicht etwas, wonach wir streben müssen, eine Leistung. Sie ist die Wirklichkeit, in der wir leben. Sie hilft uns, das Negative in uns in Positives zu verwandeln, das Positive zu verwirklichen. So arbeiten wir am Licht in uns.

Der Großteil der Menschen geht von dem Standpunkt aus: »Ich bin ich« und »Du bist du« und »Die Erde ist die Erde«. Diese Menschen laufen auf der Welt umher wie einsame Kämpfer im Feindesland. Hin und wieder treffen sie für einen Augenblick einen Mitkämpfer, um danach wieder einsam ihres Weges zu gehen.

Wenn unser Körper sich nicht mit der Erde im Einklang befindet, weil unsere Füße nicht geöffnet und verwurzelt sind, und wenn die verschiedenen Teile unseres Körpers nicht miteinander harmonieren und wenn unser Körper sich ummauert und von den Körpern um uns herum abgeschlossen fühlt, sind wir einsam und unglücklich. Dann sind wir die einsamen Kämpfer. Reißen wir die Mauern ein, entstehen sofort neue Möglichkeiten.

Dieses Einreißen ist schnell getan, wenn wir vom kosmischen Auge aus atmen.

Liebe ist keine Frage von Emotion oder von Zuneigung. Sie ist eine innere Einstellung und ein Verhalten von jemandem, der aus einem anderen Blickwinkel heraus lebt, in dem die Worte »ich«, »du«, »die Erde« Elemente in einem einzigen ganzheitlichen System von Energien sind. Dies fühlt sich warm, sicher und geborgen an.

Der Weg nach innen, in unseren Körper hinein, ist der Pfad, auf dem dies zu verwirklichen ist. Je mehr wir unseren Körper von innen her kennenlernen, mit seinen Wegen, Meeren, Seen und Quellen, um so mehr lernen wir das große Universum zu verstehen.

Es könnte sein, daß Sie sich nun die Frage stellen: Können wir andere lieben, ohne daß jeder und alles Teil eines ganzheitlichen Energiesystems ist? Wer von uns erfährt in diesem Sinne wirkliche Liebe? Ist dies überhaupt die richtige Betrachtungsweise? Kann es nicht einfach Liebe als Gefühl oder als Emotion geben?

Natürlich lieben Menschen einander! Wir lieben unsere Tiere, unseren Garten, schöne Dinge, die wir besitzen, das Land, in dem wir leben.

Was ist die Grundlage dieser Erfahrung und was macht sie zur Realität? Ich meine: unser Gefühl von Einheit mit dem anderen, mit einer Gruppe, einem Land, mit Musik, einem schönen Kunstgegenstand, mit einem Buch, das uns am Herzen liegt, usw.

Wir müssen uns viel stärker dessen bewußt werden, daß die Menschheit eine Einheit bildet. Die Welt um uns herum schreit danach. Die Umweltverschmutzung, die Ausbeutung der Erde und der Meere, der Hunger, die Kriege erinnern uns daran, daß wir körperlich existieren und miteinander verbunden sind. Wenn wir die Gesetze des Universums negieren, wirkt dies desintegrierend auf unseren Körper. Es wird dann schwierig, durch die geöffneten Poren hindurch wahrzunehmen, was außerhalb von uns ist, und uns für die Erde, für den ganzen Kosmos mitverantwortlich zu fühlen.

Für den anderen da zu sein – das ist wesentlich, um unsere Liebe zum anderen aufrechtzuerhalten. Allerdings erfordert dies einen Körper, der bewußt ist, offen und rein, in sich selbst verbunden, so daß er wahrnehmen kann und sich nicht in sich selbst verschließt.

Dieser Weg zur Liebe hin ist nicht leicht zu gehen. Die Welt ist voller Feindseligkeit und Mißtrauen, und wir erleben oft Angriffe auf unsere Integrität. Wenn wir den inneren Weg zu einer neuen Harmonie hin antreten, wird Mitleid in uns geboren. Wenn uns die tiefen Schmerzen bewußt werden, an denen die Menschheit leidet, wächst auch unser Verlangen, an deren Heilung teilnehmen zu dürfen.

Dies führt uns zu den Energien, die die Chakras, die sieben großen Zentren entlang unserer Wirbelsäule, durchströmen, jedes mit einem anderen Einfallswinkel. Unter diesen Energien gibt es positive und negative, die einander ergänzen und wechselseitig stimulieren.

Wenn die Energie durch die eine Seite des Chakra-Systems geströmt ist, bewegt sie sich zu dessen anderer Seite hin. Dabei wirkt sie fortwährend wie eine Art Wechselstrom zwischen den positiven und negativen Kanälen.

Durch tiefes Nachspüren in uns können wir wahrnehmen, ob Gleichgewicht zwischen den positiven und negativen Kanälen besteht. Dann fühlen wir uns in Harmonie.

Das vergrößerte rechte Auge (dazu siehe mein Buch »Offen zwischen Erde und Himmel«) bringt uns harmonisches Gleichgewicht im Zusammenwirken mit dem Atem vom kosmischen Auge her. Auch das Ein- und Ausatmen von dieser Quelle her durch das linke oder rechte Nasenloch und durch beide Nasenlöcher zugleich verschafft uns Einsicht, ob wir uns wirklich im Gleichgewicht befinden.

»Chakra« ist ein Sanskrit-Wort und bedeutet »ein sich drehendes Rad«. Es ist ein sich drehender oder sich spiralförmig bewegender Strudel von Energie in unserem ätherischen Körper. Entlang der Wirbelsäule liegen sieben dieser großen Chakras, in unmittelbarer Nähe von sieben Nervengeflechten, die damit korrespondieren. Sie sind außerdem so angeordnet, daß sie mit verschiedenen Drüsen des endokrinen Systems zusammenwirken. Diese sind verantwortlich für das dynamische Gleichgewicht. Die von den endokrinen Drüsen abgesonderten Stoffe stehen in direktem Zusammenhang mit Merkmalen unserer Persönlichkeit. Wenn eine einzige chemische Verbindung oder ein einziger Bestandteil der endokrinen Absonderung sich verändert, verändert sich unsere gesamte Persönlichkeit.

Die hemmende Kraft hinter diesen Veränderungen ist der Strom der psychischen Chakra-Elektrizität, die durch diese Energiezentren strömt. Körperliche Veränderungen sind lediglich physische Spiegelungen dessen, was auf subtilerem Niveau mit uns geschieht und was wir »schlafend«, d. h. wenn wir nicht bewußt sind, kaum wahrnehmen.

Die Chakras schwingen mit den Vibrationsfrequenzen der großen Energiequelle oder des Lichtspektrums. Auf diese Weise absorbieren sie Energie und strahlen sie in die verschiedenen Bereiche des Körpers, die jeweils mit einem bestimmten Chakra in Verbindung stehen.

Wenn wir also die Chakras untersuchen, untersuchen wir uns selbst.

2 Unsere Gewohnheiten

Bevor wir uns in die Chakras und die ihnen zugehörenden Energien vertiefen, richten wir unsere Aufmerksamkeit zunächst einmal darauf, daß unser Geist durch verschiedene Faktoren konditioniert ist, zum Beispiel durch die Kultur, in der wir geboren und aufgewachsen sind; durch die Sprache, die wir sprechen; das Klima, in dem wir leben; die Nahrung, die wir essen, usw. Selbst wenn wir alte Gewohnheiten ablegen, bleiben also immer noch starke natürliche Faktoren übrig, durch die unser Geist beeinflußt wird.

Wenn wir an einem neuen Bewußtsein arbeiten, verändern sich sowohl unsere Seele und unser Geist als auch unser Körper. Unser Körper muß gereinigt und mit diesen Energien vertraut gemacht werden. Obwohl es auch sehr wohl möglich ist, diese Erfahrungen in einem kranken Körper zu machen, erfordert eine totale Transformation, daß wir auf unsere Eßgewohnheiten und auf die Qualität unserer Nahrung achten. Sonst entsteht ein Konflikt zwischen Körper, Seele und Geist.

Der Körper wählt seine Nahrung selbst aus, weiß immer klarer, was gut und was falsch ist, und wird sensibler dafür. Wir müssen uns dessen bewußt sein, was wir essen. Voller Andacht und schweigend. Wenn wir während des Essens reden und diskutieren, regt dies unseren Geist an. Wir kauen dann ungenügend, so daß unsere Verdauung nicht gut funktioniert, oder wir essen zuviel. Wir müssen versuchen, selbst herauszufinden, was wir wirklich brauchen, je nach Klima, Art unserer Arbeit und vielen anderen Faktoren. Wenn wir zuviel essen, ist unser Körperbewußtsein herabgesetzt, und wir werden schläfrig.

Von der Vorstellung, daß Nahrung unsere einzige Energiequelle ist, müssen wir uns lösen. Wenn wir uns daran gewöhnen, nur zweimal am Tag zu essen, werden wir merken, daß wir uns besser fühlen und daß zuviel zu essen und zwischendurch zu naschen ein Zeichen innerer Leere ist. Wir wissen nicht einmal, ob diese Leere in unserem Geist oder in unserem Magen lokalisiert ist, so sehr ist beides in uns miteinander verbunden.

Aus Langeweile oder aus schlechter Gewohnheit überessen wir uns und geraten so in einen Teufelskreis. Die Leere ist jedoch in Wahrheit nicht physisch, sondern psychisch. Erst wenn wir unseren Körper durch die richtige Ernährung, durch Ruhe und Übung gesund gemacht haben, merken wir, daß wir die Leere nicht durch etwas von außen Kommendes ausfüllen konnten.

Wir müssen die Quelle in unserem Innern finden. Dann ist unser Körper bereit dazu, Instrument zu sein, ein würdiger Spiegel für Seele und Geist. Wenn wir uns auf die Suche nach Wahrheit, Reinheit, Schönheit, nach Gott begeben, muß unser Körper ein reiner Spiegel sein.

Meist wird empfohlen, zum Frühstück Müsli zu essen, Getreide mit getrockneten und frischen Früchten, Nüssen und Honig. Und die Hauptmahlzeit sollte aus rohem und gekochtem Gemüse, Hülsenfrüchten und braunem Reis bzw. Getreide bestehen. Vor dem Zubettgehen kann man noch eine Kleinigkeit zu sich nehmen, zum Beispiel einen Becher Milch, Kräutertee oder Fruchtsaft. Zwischen den Mahlzeiten sollte man viel Wasser trinken, nicht jedoch während der Mahlzeiten.

Dies alles beruht auf Erfahrungen von Menschen, die es schon vor uns erprobt haben. Immer wieder können wir von anderen dazulernen. Auch sollten wir offen sein, wenn etwas Neues auf diesem Gebiet herausgefunden wir, und es selbst ausprobieren, wenn es uns anspricht.

Außerdem benötigt unser Körper Bewegung; zum Beispiel durch Spazierengehen, Fahrradfahren, Yogaübungen, Tai-Chi. Mindestens eine Stunde pro Tag.

Schließlich sollte man ausreichend schlafen. Für den einen reichen vier Stunden Schlaf, für den anderen acht Stunden. Das ist bei jedem Menschen anders. Unsere Übungen und Meditationen bewirken, daß wir mit der Zeit weniger Schlaf benötigen.

Wenn wir an einer Verdauungsstörung oder an einer anderen Krankheit leiden oder wenn wir uns ein paar Tage freinehmen, um zu meditieren, dann ist eine Fastenperiode empfehlenswert. Es gibt viele verschiedene Möglichkeiten zu fasten, die in zahlreichen guten Büchern beschrieben sind.

Wir können drei bis fünf Tage mit Fruchtsäften fasten oder nur Obst essen, zweimal pro Tag. Danach beginnen wir langsam wieder mit einem Frühstück aus Obst oder Gemüse und mit einer Mahlzeit aus rohem und gekochtem Gemüse, etwas Getreide und Hülsenfrüchten. Denn ausgewogene Eßgewohnheiten gehören zu einem ausgeglichenen, gesunden Körper.

Man fragt mich so oft nach diesen Dingen, daß ich diesem Thema hier ein ganzes Kapitel gewidmet habe. Ich vertrete jedoch weder ein festes System noch eine bestimmte Struktur. Ich lebe auch selbst nicht nach einem solchen System und habe das nie getan. Es wirkt erstarrend.

Vielmehr geht es darum, daß wir uns der Erfahrungen bewußt werden, die wir in schwierigen Situationen, in großer Trauer und bei schlimmen Krankheiten gemacht haben. Tiefe Trauer kann uns dem neuen Bewußtsein gegenüber öffnen. Wenn wir jedoch in der Trauer verharren, verschwindet das neuerworbene Bewußtsein wieder.

Warum?, fragen wir uns dann verzweifelt. Wir sollten uns nach innen wenden und in uns selbst nach der Ursache dafür suchen, daß wir es verloren haben. War es zu wenig Schlaf? Erschöpfung? Zuviel Essen? Oder falsche Ernährung? Mangel an frischer Luft oder Bewegung? Dachten wir falsch, grüblerisch, negativ?

Weil wir es nicht gewöhnt sind, daran zu denken, daß unser Körper unsere Seele und unseren Geist beeinflussen kann, ebenso wie Geist und Seele unseren Körper beeinflussen können, kommen wir nicht darauf. Sie spiegeln einander. Es gibt keine Trennung zwischen diesen drei Elementen.

Wenn wir an Körper und Geist gesund sind, brauchen wir uns an keine Regeln zu halten, an keine Methode, keine Struktur. Dann sind wir glücklich und in uns selbst geborgen, ganz wach und aller Dinge, die wir tun, völlig bewußt. Jeder Augenblick unseres Lebens ist dann im bewußten Erleben von Gefühlen und Empfindungen gegründet. Wir sind dann in jeder Hinsicht freie Menschen. Wir können lieben und Beziehungen zu unseren Mitmenschen haben; und sollte eine solche Beziehung einmal zu Ende gehen, durch Verlassenwerden oder durch den Tod, so können wir das innerlich verkraften. Wir zerbrechen nicht daran.

Wenn diese Gefühle und Empfindungen nicht bewußt erlebt werden, sondern als Erinnerungen im Unbewußten gespeichert bleiben, verursachen sie tiefe Depressionen und Frustrationen. Alles, was wir tun, ist dann immer von Kummer, Angst und Sorge begleitet.

Wer auf diese Weise Körper, Geist und Seele in einem empfindsamen Zustand des Bewußtseins hält, kann sich keinen überfüllten Magen erlauben, denn in einem solchen Zustand ist bewußtes Leben nicht mehr möglich.

Es geht darum, daß wir in uns selbst glücklich sind, bei allem, was wir tun, und wo wir auch sein mögen.

Wenn wir unglücklich sind, sollten wir in uns selbst nach der Ursache dafür suchen. Heutzutage sagen viele Menschen dann Mantras auf, üben Tai-Chi, machen Hatha-Yoga-Übungen, Atemübungen, tanzen oder führen bestimmte Autosuggestions- oder Entspannungsübungen aus. Dadurch löst sich der Schmerz auf, die Frustrationen und die intensive Langeweile verschwinden.

Wir können auch aufschreiben, was uns weh getan hat und noch beim Zurückdenken daran verletzt, so lange, bis wir es objektiv betrachten können. Das Geschriebene sollten wir dann zerreißen oder verbrennen, keinesfalls aber aufbewahren. Auch dadurch können wir uns selbst helfen.

Mit all diesen Methoden löst sich vieles auf, aber nicht alles. Der Kern ist immer noch da. Nur durch Reden können wir nicht zu ihm vordringen. Wir müssen unser ganzes Leben vor uns aufrollen, all unsere Beziehungen zu unseren Mitmenschen. Welche Einstellung haben wir ihnen gegenüber? Haben wir genug Liebe und echte Anteilnahme für sie übrig, für ihre Nöte, ihre Sorgen, ihren Kummer? Können wir ihnen etwas geben, mit ihnen teilen?

Zuerst muß es in unserer Umgebung stimmen. Dafür müssen wir uns immer wieder von neuem einsetzen und unsere ganze Vergangenheit kennen und durchschauen. Erst dann können wir im Jetzt, in diesem Augenblick, leben und an einer neuen, positiven Zukunft bauen.

3 Kundalini

Wenn wir uns in diesem Buch in die Bedeutung der Chakras vertiefen wollen, in das, was sie in uns bewirken, so will ich nun zunächst einmal über Kundalini sprechen.

Kundalini ist allenthalben ein sehr belastetes Wort. Manchmal wird Kundalini als eine aufgerollte Schlange an der Basis der Sushumna (dem Mittelkanal der Wirbelsäule), unter dem letzten Steißbeinwirbel abgebildet. Diese Schlange ist ein Symbol für das Schlangenfeuer, ein Strom von psychischen Energien, die das Chakra-System kontrollieren und den menschlichen Organismus auf seinem evolutionären Weg begleiten. Dies geschieht unabhängig von den Zellen und Organen, die ihre Energie aus der Strahlung des kosmischen Lichts beziehen, das stets gegenwärtig ist. Jeder hat Kundalini, und wer diese Worte liest, dem tritt Kundalini aus den Augen und der »sieht« die Worte vor sich.

Wenn Kundalini durch die Chakras aufsteigt, entsteht ein brennendheißes Gefühl in den Kanälen oder Nervenbahnen, die zum magnetischen Teil des Geistes und des Gehirns führen. Aber durch unser Atmen und Üben vom kosmischen Auge aus wird der launenhafte Kundalinistrom in uns geordnet. Kundalini oder Bewußtsein strömt auf natürliche Weise durch uns hindurch, und zwar als Folge der positiven Umwandlung von Geist und Gedanken, d. h. des Mentalen. Dazu müssen wir jedoch den unaufhörlichen Strom unserer Gedanken, Pläne und Bilder anhalten. Kein endloses Nachsinnen mehr über ein bestimmtes Thema.

Wir müssen uns dessen bewußt werden, daß ich, d. h. der oder die denkt, unabhängig von den Gedanken bin. So halten wir den Denkprozeß an und bleiben auf dem »Ich bin«-Niveau. Wir fragen uns nicht länger: »Wer bin ich?« Wir haben die Haltung »Das bin ich« und schließen uns dem großen Ich an, Gott, dem

Einen, der Alles ist. In dieser Übergabe öffnet sich der Punkt der Weisheit, mitten auf unserem Scheitel, das Auge, durch das wir mit dem Himmel verbunden sind.

So erfahren wir reinere und ausgedehntere, weitere Bewußtseinsbereiche, wenn wir die ruhelosen, verwirrten Gedanken zum Stillstand gebracht haben. Wenn sich unser inneres Auge öffnet, dann wird, wie es in dem diesem Buch vorangestellten Jesus-Wort der Bergpredigt (Mt. 6, 22) heißt, unser ganzer Körper von Licht erfüllt.

Wenn wir atmen, atmen wir Prana ein, Chi oder Ki. Dies sind drei Namen für ein und dasselbe Phänomen: die Lebenskraft, die kosmische Kraft. Der wichtigste Aspekt von Chi ist die fließende Bewegung des Atems. Diese Bewegung ist die äußere Form, das, was wir von jener Lebensenergie wahrnehmen, wenn wir den Atem kontrollieren. Die Atmung beeinflußt den Energiestrom durch die Sushumna. Ein Energiestrom entsteht:

a. wenn der Atem vom linken zum rechten Nasenloch strömt,
b. wenn wir durch beide Nasenlöcher gleichzeitig atmen,
c. wenn in der Pause zwischen Ein- und Ausatem und zwischen Aus- und Einatem keines der beiden Nasenlöcher benutzt wird.

Der erste Energiestrom beim abwechselnden Gebrauch der Nasenlöcher entsteht dadurch, daß ungleiche, verstreute Energien fortwährend ins Gleichgewicht gebracht werden: zwischen Yin und Yang, Ida und Pingala, linker und rechter Körperhälfte, linkem und rechtem Kanal der Wirbelsäule, und deren Mitte ist die Sushumna, die Verbindung zwischen Erde und Himmel.

Die zweite Energie entsteht durch den Gebrauch beider Nasenlöcher beim Atmen, wenn ein Gleichgewicht zwischen gleichen, verstreuten und entgegengesetzten Energien besteht.

Der dritte Energiestrom entsteht aus den beiden ersten Energien und dem Gleichgewichtszustand während des Atemstillstands: der Pause. Dieser Augenblick wird auch »heiliger Augenblick«

genannt, und den Energiestrom nennt man auch den »Saft des Lebensbaums«.

Durch Blockaden können diese Energien zu einer enormen Kraft aufgestaut werden, die wir nicht mehr unter Kontrolle halten können, weil wir uns ihrer nicht bewußt waren. Das kann geschehen, wenn wir ohne sachverständige Leitung mit diesen kosmischen Kräften experimentieren, zu lange üben oder meditieren oder unsere Verbindung mit der Erde nicht beibehalten. Das Atmen, das Leben vom kosmischen Auge aus, hält unseren Körper unter Kontrolle und hebt alle Blockaden auf.

Wie nehmen wir nun aber in uns selbst die Chakras wahr? Wir können die Energie, die von den Chakras absorbiert oder weitergestrahlt wird, mit unseren Händen fühlen:

Wenn wir unsere Hände in die Nähe des Rückens bringen, ungefähr 4 bis 5 cm von der Haut des Nabel-Chakras entfernt, dann können wir deutlich eine Strahlung spüren. Manche Menschen benutzen dazu lieber nur eine Hand, die rechte oder die linke, oder sie können dies besser bei jemand anderem fühlen.

Wenn wir mit unserer Hand langsame Streichbewegungen ausführen, fühlen wir an bestimmten Stellen des Körpers eine Konzentration von Strahlung und Wärme. Dabei ist es wichtig, die Haut von Fingern und Fingerspitzen geöffnet zu halten, so daß diese sehr empfindsam vom kosmischen Auge her wahrnehmen. Wenn wir fühlen, daß dies störend wirkt, müssen wir die Hände sofort wegnehmen und uns nach innen wenden, zum kosmischen Auge, zum Kreuzbein hin und zur Haut dahinter.

Wir kommen dann jedesmal wieder zu uns selbst nach Hause, in unseren eigenen Lebensraum, in unsere Schale von Licht. Dort erholt sich alles und heilt, dort fühlen wir uns geborgen.

Obwohl sich die Energiefelder in uns warm anfühlen, verhält es sich mit der Strahlung an der Oberfläche des Körpers nicht ebenso. Diese Energien strahlen durch alle Stoffe hindurch, sogar durch feste Mauern. Sie stimulieren auch die Zentren in den Händen, an den Innenseiten in der Mitte der Ellbogengelenke und an anderen empfindlichen Stellen, zum Beispiel unseren Wangen.

Aber es gibt auch Menschen, die die Energien als kalt erfahren, als Druck, als Vibration oder als leichte Berührung. Auch nach dem Tode strahlen die Energiefelder noch weiter und fühlen sich warm an. Sie sind also weder von einem lebensfähigen Nervensystem noch vom Blutkreislauf abhängig.

Ich bin der Ansicht, daß die Energiefelder die Struktur unseres Körpers beeinflussen und auch widerspiegeln. Die Chakras verbinden unseren Körper mit den subtilen ätherischen Körpern und sind in einer bestimmten Weise mit den Meridianen der Akupunktur verbunden. Die Energie, die von den Chakras ausgeht, und die Energie, die durch die Meridiane der Akupunktur fließt, ist dieselbe. Manchmal ist die Energie, die durch ein spezielles Chakra fließt, auf das wir unser Bewußtsein, unsere Konzentration gerichtet haben, etwas feiner.

Wenn wir von unserem kosmischen Auge, vom Kreuzbein und der Haut dahinter, atmen, bildet unsere Haut keine Grenze mehr zwischen unserem Körper, unserem Selbst und dem Kosmischen. Dann strömt dieselbe Energie auch beim Einatmen durch alle geöffneten Poren in uns hinein. Was zuviel ist, entweicht im Ausatem mit dem Negativen, mit dem, was nicht zu uns gehört, und macht so den im Einatem einströmenden Energien wieder Platz.

So stellt sich also letztendlich heraus, daß die Kundalini-Energie, die Energien der Meridiane und die kosmischen Energien ein und dieselbe Energie sind.

Wenn wir vom kosmischen Auge her einatmen und durch das kosmische Auge hindurch ausatmen, erhalten wir einen Überschuß an Energie. Diesen Energieüberschuß benutzen wir zunächst für unseren eigenen Heilungsprozeß, später strahlt er von selbst auf unsere Umgebung aus. Wenn wir offen sind zwischen Erde und Himmel, wird diese Energie ständig erzeugt. Wir sind dann Instrument und geben weiter von dem, was wir empfangen durften.

Der Körper verteilt diese kosmischen Energien auf die verschiedenen Vibrationsbereiche, wie ein Prisma, in dem sich das Licht bricht.

Die kosmische Energie bezeichnen wir, wie bereits gesagt, mit dem ursprünglich chinesischen Wort Chi. Die Japaner nennen sie Ki, die Yogis Prana, vitale Kraft; nervöse Energie, Bioenergie, biomagnetische Energie, bioelektromagnetische Energie, bioplasmische Energie und Lebenskraft sind weitere Namen für ein und dasselbe Phänomen.

4 Die Energiefelder

Seit der Schöpfung der Welt ist Energie in allem Erschaffenen gegenwärtig, und trotzdem wissen die meisten Menschen nichts darüber. Wahrscheinlich deshalb, weil wir es nicht gewöhnt sind, unseren Körper wie ein Haus mit vielen Zimmern, Gängen und Schränken zu erfahren und zu bewohnen.
Unsere Haut muß keine Grenze sein. Wir treten dann in eine neue, faszinierende Welt von Formen, Inhalten und Energien ein. Wir erhalten Einsicht in die Beziehung zwischen Dingen und Lebensformen, in die Strahlung zwischen beidem. Wir entdecken, daß der Raum nicht leer ist, sondern eine Struktur und eine Funktion hat, die wir mit verschärften Sinnen deutlich wahrnehmen können. Die Sinne verschärfen sich mehr und mehr in dem Maß, in dem wir lernen, vom kosmischen Auge her zu leben. Kurz zusammengefaßt kann man Folgendes sagen:

1. In unserem Körper befinden sich Energiefelder, die nach außen ausstrahlen.
2. Sie können durch die verschiedenen verschärften Sinne wahrgenommen werden.
3. Außer normalen, gesund ausstrahlenden Energiefeldern gibt es auch abnormale Energiefelder, die Krankheit, Schmerzen, Spannungen oder traumatische Zustände im Körper widerspiegeln.
4. Die Diagnose von eventuell abnormalen Energiefeldern hängt größtenteils von der Empfänglichkeit des Wahrnehmenden ab.
5. Die Energiefelder sind mit dem physischen Körper und mit dem Ätherleib verbunden.

Sobald wir mit unseren verschärften Sinnen deutlicher wahrnehmen, bemerken wir, daß es Menschen gibt mit schwachen Energiefeldern im Unterleib. Dies hat seine Ursache darin, daß diese Menschen von ihrem Brustkorb oder vom Sonnengeflecht her atmen. Wenn der Unterleib kraftlos ist, haben auch die Beine, die Knie und die Füße keine Kraft. Wir stehen dann nicht fest auf der Erde und empfangen daher auch keine Erdkräfte, um fest auf der Erde stehen zu können. Bei Schwierigkeiten fallen wir leicht um. Wir lassen uns nicht von unseren Knien her zur Erde hin los. Wir akzeptieren unser Leben auf Erden nicht. Der Hauptanteil unserer Energie liegt in unserem Oberkörper.

Menschen mit einer starken Energiestrahlung von ihrem Nacken her neigen nicht nur dazu, empfindlich dafür zu sein, daß sie von Energien durchströmt werden, sie sind auch oft spirituell, mediumistisch und künstlerisch veranlagt. Wir können uns das leicht klarmachen, da wir wissen, daß unsere Nackenwirbel direkt mit dem kosmischen Auge verbunden sind – mit dem Spiegel unseres Wesens also, das unmittelbar mit Gott verbunden ist.

Auch der sechste und siebente Nackenwirbel, zusammen mit dem ersten Brustwirbel, sind Teil des Kehl-Chakras (ich führe diese drei Wirbel immer gemeinsam auf, da sie alle drei zusammen Yang-Kanal sind). Das Kehl-Chakra öffnet unser inneres Ohr, wodurch wir lernen, verschärft zu hören, innerlich auf die himmlische Weisheit zu horchen.

> Im Anfang war das Wort,
> und das Wort war bei Gott,
> und das Wort war Gott.

Außerdem ist unser Nacken direkt verbunden mit dem »heiligen Dreieck«, das in uns gebildet wird vom letzten Steißbeinwirbel und den beiden Sitzknochen mit ihren Vorderseiten. Wenn das heilige Dreieck geöffnet ist und ausstrahlt, sind wir durch die geöffneten Beine und Füße zur Erde hin offen und ebenso durch alle heiligen Räume und den geöffneten Scheitel zum Himmel hin.

Wenn die Energie stark vom Gebiet des Sonnengeflechts her ausstrahlt, dann neigt man zum Emotionalen und zur Machtausübung. Menschen, deren Energie aus der Stirn strahlt, zählen zum mentalen Typ. Sie handeln oft intuitiv. Starke Strahlung aus dem Unterleib weist beim unbewußt lebenden Menschen oft auf ein aktives Sexualleben hin. Menschen, die vom kosmischen Auge her atmen, sind ganz, eine Totalität in sich.

Dies ist eine etwas vereinfachte Betrachtungsweise. Ich werde an späterer Stelle noch ausführlicher darauf eingehen.

Betrachten wir die Zeichnungen der Chakras und der dazugehörigen Energiefelder. Wir sehen, daß ungefähr 40 cm über unserem Kopf, außerhalb des Körpers, ein *achtes Chakra* liegt, in dem sich der Himmel spiegelt. Auf unseren Körpern abgestimmte kosmische Energie strahlt von dort aus in uns hinein, reinigt und erleuchtet uns - bis in ein *neuntes Chakra* hinein, das ungefähr 40 cm unterhalb unserer Fußsohlen liegt. Dort spiegelt sich die Erde.

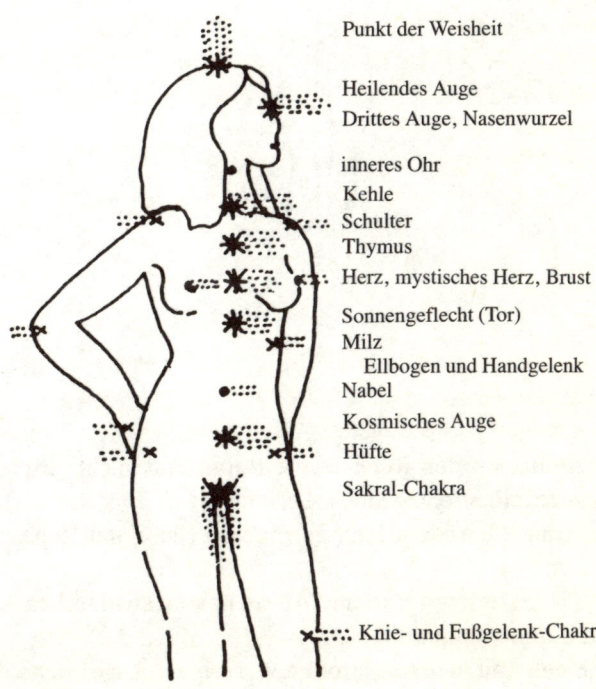

Punkt der Weisheit

Heilendes Auge
Drittes Auge, Nasenwurzel

inneres Ohr
Kehle
Schulter
Thymus
Herz, mystisches Herz, Brust

Sonnengeflecht (Tor)
Milz
   Ellbogen und Handgelenk
Nabel

Kosmisches Auge
Hüfte

Sakral-Chakra

Knie- und Fußgelenk-Chakra

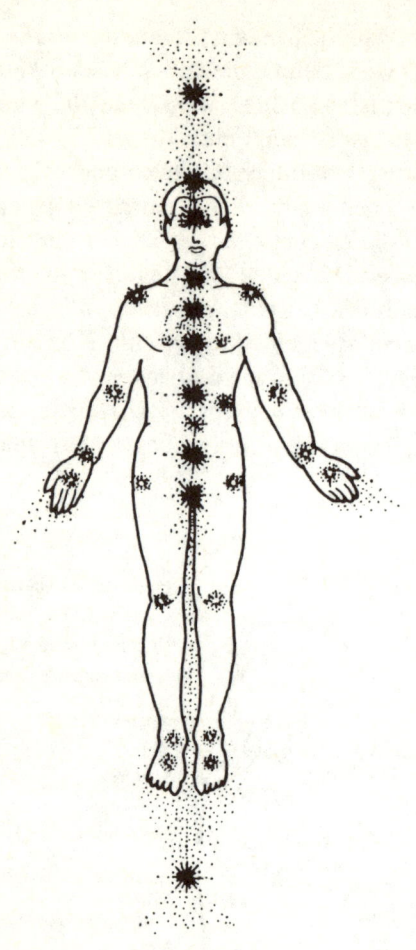

Übung

Wir legen uns auf den Rücken, die Beine sind leicht gespreizt, unsere Füße fallen entspannt nach außen.

Unsere Arme liegen am Körper entlang, die Handflächen auf dem Boden.

Wir regulieren unseren Ein- und Ausatem vom kosmischen Auge aus und durch es hindurch.

Wir nehmen mit dem vergrößerten rechten Auge wahr. Wir

atmen vom kosmischen Auge her ein, weit rundherum bis in die Haut der Gesäßnaht, gleichzeitig nehmen wir den Boden der Schale wahr, die wir gebildet haben. Dann entsteht eine so strahlende Energie in der Haut des Beckenbodens und der Gesäßnaht, daß die Leisten sich weit öffnen, bis in die Schalen der beiden Hüftgelenke hinein. Beine und Füße transformieren dadurch mit.

Wie unten – so oben.

Ebenso transformiert unser Körper auch nach oben.

Die Haut ist nun keine Grenze mehr. Eine große Aura umhüllt uns. Wir sind offen und rein genug, um im Ausatem himmlisches Licht und himmlische Kraft empfangen zu dürfen. Durch unseren Kopf, den Raum des Gehirns, durch die Wirbelsäule und an ihr entlang, durch das kosmische Auge zum letzten Steißbeinwirbel hin, von dort in zwei Strömen zu unseren Sitzknochen und ihren Vorderseiten und durch die Beine, die Fuß-Chakras bis zum großen Nierenpunkt (unter dem ersten Knöchel der mittleren Zehe) und von dort zum neunten Chakra hin.

Wir fühlen dabei deutlich, daß wir ganz gerade und gereinigt daliegen zwischen dem achten und neunten Chakra, dem Längsbalken des atmenden Kreuzes in uns.

Jedesmal, wenn wir so tief in die Erde hinein loslassen, in der Erde verwurzelt sind, öffnet sich von dort aus von selbst unser Kopf zum Himmel.

Wenn wir anschließend unsere Aufmerksamkeit auf das kosmische Auge richten, den Punkt, in dem sich Ein- und Ausatem kreuzen, fühlen wir, daß in diesem Augenblick das Ego mit dem großen Selbst in unserer goldenen Schale zusammenfällt und daß wir durch die irdische Zeit hindurch zum Kosmischen, zum Ewigen, durchbrechen.

Wenn wir dies erfahren dürfen, fällt alles, was negativ war, von uns ab. Wir sind ganz, wach im Jetzt, offen zwischen Erde und Himmel. Wir fühlen uns aufgenommen in ein grenzenloses Energiefeld.

Innen ist Außen.

Außen ist Innen.

Nun folgt das *Kronen-Chakra,* das siebente Chakra, 5 bis 7 cm im Durchmesser, mitten auf dem Scheitel, auf dem Punkt der Weisheit.

Das *Stirn-Chakra,* das sechste Chakra, besteht aus drei »Augen«: dem Nasenwurzelauge, dem dritten Auge und dem heilenden Auge, jedes mit einem eigenen großen Bereich.

Das *Kehl-Chakra,* das fünfte Chakra, liegt genau über der Halsgrube, dem Verbindungspunkt der beiden Schlüsselbeine.

Die *Thymusdrüse,* die Drüse der Liebe, die mit dem mystischen Herzen zusammenwirkt, und das *mystische Herz* selbst bilden gemeinsam das vierte Chakra.

Darunter liegt das Sonnengeflecht, dessen Zentrum oder – wie ich es nenne – »Tor« in der Tiefe des Magens liegt und das sich von der Unterseite des Brustbeins bis zum Harapunkt, drei Fingerbreit unter dem Nabel, erstreckt. Das *Tor des Sonnengeflechts* ist geöffnet, wenn der neunte und zehnte Brustwirbel zusammen ausstrahlen. Wir können den achten Wirbel, der große Kraft ausstrahlt und mit Yang-Energie geladen ist, noch hinzunehmen. Gemeinsam stehen sie mit der Leber in Verbindung. Im Bereich des Sonnengeflechts liegt auch die Milz, oben links in der Bauchhöhle. Die Milz wird oft nicht erwähnt, ist aber dennoch ein wertvolles Organ, dessen positives Wirken wir gar nicht überschätzen können. Im Sonnengeflecht liegt schließlich der *Nabel,* den ich aber getrennt behandeln werde, weil unser Körper von dort aus geordnet wird und weil der Nabel die Organe in der Bauchhöhle entspannt und warm ausstrahlen läßt.

Darauf folgt das *kosmische Auge* (Chi-Punkt, Kreuzbein und die Haut dahinter).

Und in der Tiefe, auf dem Damm, zwischen Geschlechtsorgan und Steißbein liegt das *Sakral-Chakra,* Teil des heiligen Dreiecks und des Beckenbodens.

Ich führe auch noch die Hüftzentren auf, die ebenfalls selten genannt werden, die Kniezentren oder Knie-Chakras und die Schulter-, Ellbogen- und Handzentren, weil diese Zentren auch stark ausstrahlende Energiefelder besitzen. Die Brustwarzen der Frauen strahlen weniger stark aus, und noch subtiler die Brüste des Mannes. Der Nabel und die Umgebung des Hara-Punkts drei Fingerbreit unter dem Nabel strahlen wieder viel stärker. Die Strahlung der drei Augen auf der Stirn bis zum Punkt der Weisheit ist ebenfalls stark bei demjenigen, der vom kosmischen Auge her atmet und lebt und offen zwischen Erde und Himmel ist. Auch die Zone des Okzipitalrandes kann so stark strahlen, daß sich unsere ganze Rückseite vom Scheitel bis zu den Fußsohlen öffnet. Die meisten in bezug auf Strahlung zweitrangigen Chakras liegen im Bereich der Gelenke: Hüften, Knie, Schultern, Ellbogen, Handgelenke, Hände, Fußgelenke und Füße. Es gibt noch viele kleinere Chakras, unter anderem im Gesicht.

Wir müssen unter allen Umständen dafür sorgen, daß wir gereinigt sind, wenn wir anderen Menschen helfen, und bei allem, was wir tun, uns ständig innerlich abtasten und horchen, immer zuerst unsere Chakras miteinander in Harmonie bringen, indem wir vom kosmischen Auge her und durch es hindurch ein- und ausatmen. Wir sollten uns dem anderen bewußt zuwenden, mit Selbstdisziplin und voller Liebe und Inspiration. Immer aber muß zugleich auch die Aufmerksamkeit des anderen selbst an der Stelle sein, an der wir arbeiten. Dies ist kein passives Geschehen.

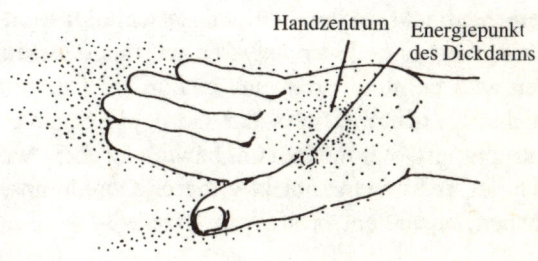

Handzentrum   Energiepunkt
des Dickdarms

5 Unser heilendes inneres Auge

In den vorausgegangenen Kapiteln haben wir der Bedeutung unseres Körpers für den inneren Weg viel Aufmerksamkeit geschenkt. Unser Körper ist ein edles und wunderbares Instrument sowohl für unsere innere Transformation als auch in unserem Leben nach außen hin.

Wenn wir bewußt durch unser Atmen von unserem kosmischen Auge her und durch es hindurch die kosmischen Energien in uns zulassen, regeneriert sich unser Körper und wird so in seiner irdischen Gestalt ein Auferstehungskörper. Dies gibt uns ein tiefes Glücksgefühl: »Ich lebe auf die rechte Weise, geordnet. Ich kann jetzt klar und deutlich wahrnehmen, was für meinen Körper und damit für meine ganze Person gut und was falsch ist.«

Dies ist keine andauernde Harmonie. Wenn wir uns bewußt werden, daß wir diesen Zustand verlassen haben, wissen wir sofort, daß wir Grenzen überschritten haben, zum Beispiel bei Erschöpfung, emotionalem Verhalten, übermäßigem Essen usw. Wir irren, wenn wir glauben, wir brauchten nur den richtigen Lehrer oder die richtige Technik zu finden, und schon könne die Transformation beginnen. Vom Augenblick unserer Geburt an bis zu dem Zeitpunkt, in dem wir den Entschluß fassen, uns auf den inneren Weg zu begeben, müssen wir uns reinigen.

Wir sehen also unmittelbar in uns hinein, im Gegensatz zum gewöhnlichen Sehen, bei dem der Geist die Signale unseres Auges interpretiert. Wir müssen uns bewußt machen, was wir an Dunkelheit in uns tragen, objektiv dieses Dunkle ansehen, es durchschauen, aushalten, ordnen, loslassen.

Das Widersprüchliche zwischen den Bildern unseres Ideal-Ichs und dem, was wir eigentlich sind, verursacht inneren Konflikt und Krankheit. Deshalb sind diese inneren Bilder so wichtig, denn sie spiegeln, wer wir wirklich sind. Den ganzen Tag über fließen Ströme von Bildern durch uns hindurch, die oft nichts mit unserem körperlichen Erleben zu tun haben. Im Unterbewußtsein haben wir viele unbewußte und verborgene Motive, die zum Beispiel unsere Entscheidungen bestimmen. All unsere bewußten Wahrnehmungen und Bilder werden in großem Maße durch diese Motive beeinflußt, die Projektionen unserer inneren Welt sind. Solche Bilder können uns als Schlüssel zur unbewußten Wirklichkeit in uns dienen wie auch zu der Erfahrung, die der Wirklichkeit selbst zugrundeliegt. Solche Gefühle stimmen oft nicht mit unseren bewußten Wahrnehmungen überein und werden daher verdrängt.

Wenn wir jedoch lernen, uns selbst bewußt zu sehen, und wenn wir diese Gefühle als Teil von uns selbst akzeptieren, dann können wir sie durch objektives Betrachten und durch Aufrichtigkeit für unsere Entwicklung nutzen. Sie wirken dann positiv auf unser inneres Gleichgewicht und unsere Gesundheit.

Wir lehren uns selbst durch das, was wir von Geburt an mitbekommen haben und was von unserer Umgebung, unserer Erziehung, unserer Kultur beeinflußt worden ist. Es besteht ein Unterschied zwischen dem Leben von unserem Ideal-Ich aus und dem Leben von unserem Wesen aus, das sich im kosmischen Auge spiegelt und uns unmittelbar mit Gott verbindet. Dieser Unterschied muß aufgehoben werden. Dann werden Körper, Seele und Geist in uns eins. Sie spiegeln sich gegenseitig in Harmonie, und so lernen wir an diesem Spiegel, uns selbst von innen heraus mit unserem inneren Auge wahrzunehmen.

Mit diesem inneren Auge oder inneren Sinnesorgan können wir direkt wahrnehmen, was in unserem Körper vorgeht. Wir können es auf unsere Organe richten, die unsere Emotionen widerspiegeln. Wir können sie entspannen, reinigen und durch unsere Aufmerksamkeit sogar heilen. Dies gilt für jedes Fleckchen, für jede Zelle unseres Körpers. Wir nehmen mit diesem inneren Sinn wahr, ob unsere Gefühle friedlich und entspannt sind oder ob wir aggressiv, wütend, ängstlich und verkrampft sind.

Es geht nicht so sehr darum wahrzunehmen, *was* wir fühlen, sondern darum, daß wir merken, *wie* wir uns fühlen. Uns selbst objektiv sehen lernen: so bin ich, das ist meine Dunkelheit. Erschrecken Sie nicht darüber, verdrängen Sie es nicht. Schauen Sie es sich an und halten Sie es aus, denn durch diese Konzentration wird Energie freigesetzt, die uns hilft, die Dunkelheit zu durchbrechen und loszulassen. Auf diese Weise erneuern wir uns.

Außer dem Wahrnehmen in uns, durch das wir uns selbst zu heilen vermögen, können wir auch Bilder wahrnehmen in und über andere Personen, Steine, alte Gegenstände. Wir können uns durch Konzentration in deren Vibrationen einfühlen und empfangen dann die damit verbundenen Bilder.

6 Die Jakobsleiter

Wollen wir wirklich bis zu den Räumen durchdringen, aus denen wir – stillgeworden, erwärmt und geheilt – in unser tägliches Leben zurückkehren?

Über die Leiter, die auch Jakobsleiter genannt wird, steigen wir von den geöffneten Füßen aus, die auf der Erde stehen, Sprosse um Sprosse nach oben, hin zum Licht. Dies ist die Geschichte von Jakobs Traum, den er träumte, nachdem er seinen Vater Isaak und seinen Bruder Esau betrogen hatte und in die Wüste geflohen war.

Jede Sprosse macht bei einem Chakra halt, einem sich drehenden Rad aus Licht, das in ihm eigenen Farben ausstrahlt. Es sind die Farben des Regenbogens: rot, orange, gelb, grün, blau, indigo und violett.

Die Vorbereitungen für das Besteigen der Leiter sind nicht so schwierig, wenn wir bereit sind, uns jeden Tag etwas Zeit dafür zu nehmen und treu und aufrichtig bewußt in uns selbst Ordnung zu schaffen, loszulassen, leer zu werden. Eine Entscheidung, hinter der wir mit unserem ganzen Wesen stehen müssen.

Die Sprossen dieser Jakobsleiter öffnen uns zwischen Erde und Himmel.

Die erste Sprosse verläuft zwischen den Fußknöcheln, starken Energiepunkten, die mit der Erde verbunden sind und nach oben ausstrahlen, durch die Kniegelenke, die die zweite Sprosse bilden, und weiter zur dritten Sprosse, die durch die Sitzknochen verläuft. Eine Verbindung von Fuß-Chakra, Knie-Chakra, Sakral-Chakra und kosmischem Auge.

Die vierte Sprosse befindet sich an den Fortsätzen des fünften Lendenwirbels (vertebra articularis deformis), ein grober Wirbel, der auf dem Kreuzbein ruht und mit seiner Yang-Energie die Wirbelsäule trägt. Kraftvoll durchstrahlt er das kosmische Auge und das Nabel-Chakra. So öffnet sich das Sonnengeflecht.

Die fünfte Sprosse befindet sich an der Bandscheibe zwischen dem siebenten Halswirbel und dem ersten Brustwirbel, wodurch Thymusdrüse und mystisches Herz sich öffnen: das Herz-Chakra. Die sechste Sprosse sitzt am dritten Halswirbel und öffnet die Chakras auf der Stirn: Nasenwurzel, drittes Auge und heilendes Auge. Sie öffnen sich letztlich wie *ein* Auge in uns.

Die siebente Sprosse finden wir am ersten Halswirbel, dem Atlas, der unseren Kopf zum Himmel hin öffnet, zur achten Sprosse, ungefähr 40 cm über unserm Kopf. Dort dürfen wir Gottes Nähe erfahren.

Es gibt viele Zwischensprossen, die wir zu spüren beginnen, je mehr wir die Jakobsleiter in uns kennenlernen. Sie tragen zu der Strahlung und Harmonie mit bei, die wir erfahren dürfen, als würden – wie es in der Bibel heißt – die Engel durch uns hindurch »auf- und niedersteigen«.

Auf der siebenten Sprosse der Leiter wartet die Verbindung mit der achten Sprosse, etwa 40 cm über unserem Kopf, wo wir Gott erfahren dürfen.

Diesen allmächtigen Gott, der der Schöpfer des bewußten Seins ist, können wir auf so vielen Ebenen erfahren, in so vielen Räumen können wir seine Existenz wahrnehmen, in der Natur außerhalb von uns, aber auch in unserem Inneren. Für unser menschliches Bewußtsein ist es leichter, wenn wir uns eine Hierarchie vorstellen, an deren Spitze Er steht, als wenn wir versuchten, Ihn als Einheit an sich anzusehen. Darin liegt die Begrenzung der sieben großen Chakras, auch wenn sie geöffnet sind und von uns erfahren werden. Erst in Verbindung mit der achten Sprosse der Jakobsleiter und von unserem eigenen Lichtkern im kosmischen Auge aus erfahren wir *Gott*.

Dann erst gelangen wir aus dieser Dunkelheit ins Licht und denken, fühlen, schauen, erfahren, ja sind das Licht. Die Grenzen sind aufgehoben. So ist die Dunkelheit notwendig, damit wir das Licht erfahren.

Menschen, die nach dieser Erfahrung verlangen, die mutig, mit Fallen und Wiederaufstehen, diesen Weg gehen, können sich oft keine Vorstellung von diesem reinen Bewußtsein machen. Wahrscheinlich weil es so schwierig ist, unser Ego, das denkende Ich, in die Tiefe unseres Beckens hinein loszulassen.

Es macht ängstlich, wir wissen nicht, wohin dies führt. Vielleicht gibt es den Lichtstern gar nicht? Worauf lassen wir uns da in Gottes Namen nur ein? Das Ego kann sich keine Vorstellung von dieser Wirklichkeit machen und hat Angst, das denkende Ich aus dem verfeinerten Gehirn, auf das es immer vertraut hat und auf das es vielleicht sogar ein wenig stolz ist, loszulassen.

Wir brauchen aber keine Angst zu haben: Gedanken, Intuitionen, Vorstellungen und Bilder, die sich in uns gebildet haben, werden transformiert.

Es ist hier nicht die Rede vom Loslassen des Körpers oder seiner Teile. Manche Menschen denken, wir müßten, wenn wir uns als Licht erfahren, körperlos sein. Dieser Gedanke entspringt dem dualistischen Denken, das davon ausgeht, daß unser Körper entweder Licht oder Materie, nicht aber beides gleichzeitig sein kann. Durch die Einfühlübungen durften wir unseren Körper als eine transformierte Einheit erfahren.

Von dort aus verschärfen sich unsere Sinne. Wir versuchen, von unserem kosmischen Auge her innerlich zu horchen, wie es im Altertum die Weisen taten. Sie bezogen sich auf diesen Bewußtseinszustand, als sie untersuchten, was in den folgenden Zeilen ausgedrückt ist:

> Im Anfang war das Wort,
> und das Wort war bei Gott,
> und das Wort war Gott . . .
> In ihm war das Leben,
> und das Leben war das Licht der Menschen.
> Und das Licht scheint in der Finsternis,
> aber die Finsternis hat es nicht begriffen.

Welche »Finsternis« aber sollte es im All geben, die nicht durch das Licht sogleich weggefegt und aufgelöst würde? Die bekannten Worte vom Anfang des Johannes-Evangeliums klingen zwar sehr schön und mystisch, aber verstehen wir auch, daß es dabei um das Licht des bewußten Seins an sich geht? Bewußtes Sein scheint als Licht aus den Menschen.

Aus dem Dunkel unseres dualistischen Denkens heraus ist das schwierig zu verstehen, es sei denn, es ist uns vergönnt, ab und zu während des Ordnens und Reinigens in uns selbst einen Funken davon wahrzunehmen.

Aufgrund einer gewissen Begrenztheit des Verstandes kann auch der brillanteste Geist dieses Licht nicht wahrnehmen oder erkennen, daß es existiert, weil er nur das verstehen kann, was sich auf seinem eigenen Bewußtseinsniveau abspielt.

Auch denjenigen, die aus der gewöhnlichen Realität heraus leben, die nur mit dem rechten und dem linken Auge wahrnehmen können, ist es nicht möglich zu verstehen, daß Licht und Bewußtsein eins sind.

Wenn man vom kosmischen Auge aus atmet, hört die Haut auf, Grenze zu sein; daran haben wir uns schon gewöhnt. Wir sehen unseren Körper nicht mehr nur als physischen Körper mit Augen und Ohren, die auf die Welt außerhalb von uns gerichtet sind, was bedeuten würde, daß wir etwas *an* uns erfahren. Wir erfahren aber etwas *in unserem Inneren!*

Wir können sagen: Ich bin ein Körper, Teil des Weltalls, in dem ich lebe. Die Wirklichkeit erlebe ich sowohl subjektiv als auch objektiv, sowohl an mir selbst wie auch in Verbindung mit dem kosmischen Selbst.

Aber es reicht nicht, dies auszusprechen. Wir müssen diese Wahrheit bis in unseren innersten Kern realisieren, fortwährend wachsam sein, uns damit identifizieren, einssein mit dem großen Selbst in uns. Erst dann fangen wir an, das Licht durch direktes Wahrnehmen zu erfahren, erfahren wir in uns unser Einssein mit dem Universum. Wir finden auch verlorenes Bewußtsein in uns wieder.

Kurz zusammengefaßt:
- Subjekt und Objekt sind eins,
- wir nehmen das Licht wahr,

- wir werden uns der Tatsache bewußt, daß Licht und Bewußtsein eins sind.

Zuvor waren wir in irdischer Zeit und irdischem Raum gefangen,
eingegrenzt durch unsere Haut, die abgeschlossen war und nicht
mit dem kosmischen Atem mitatmete.

Wie kommt es nun, daß wir tief zurückfallen und dabei das
Einssein, die Einheit in uns verlieren können? Um das zu
verstehen, gehen wir zur Geschichte vom Paradies zurück, zu
Adam und Eva. Vor einigen Jahren wurde ich auf eine andere
Version dieser Geschichte hingewiesen. Ich will sie hier wieder-
geben:

Der Name Adam heißt in Sanskrit: der Eine, die Einheit, einer,
von dem es keinen zweiten gibt; der Bewußtseinszustand, in dem
es keinen Dualismus gibt, keine Trennung vom Ganzen oder von
Gott. Die Paradiesgeschichte ist die Geschichte von einem Men-
schen, der aus seiner Totalität herausfällt, aus seinem Einssein.
Er ist keine Person mehr.
Als Gott rief: »Adam, wo bist du?«, sagte Gott damit eigentlich:
»Adam, wo ist dein großes Ich, dein höheres Selbst geblieben.
Wer bist du jetzt?«
Adam, der sein höheres Selbst verloren hatte und damit auch
seine innere Stimme, antwortete: »Ich war nackt, ich fühlte mich
ungeschützt.«
Gott entgegnete: »Woher weißt du, daß du nackt bist, Adam, und
warum fühlst du dich geistig nicht geborgen? Bist du nicht mehr
eins mit Körper, Geist und Seele? Fühlst du dich nicht mehr eins
mit dem Kosmos durch deine geöffnete Haut und dein offenes
Chakra-System? Dadurch bist du doch eins mit der großen
kosmischen Lichtquelle, die ich bin! Wenn du eins damit bist,
solltest du dich nicht nackt und unbeschützt fühlen und dich vor
mir verbergen müssen, Adam. Lebst du jetzt vom Emotionalen
her, daß du keinen Unterschied mehr zwischen Gut und Böse
kennst? Hast du angefangen, zu trennen und zu vergleichen?

Jetzt, wo du von den Früchten des Baumes der Erkenntnis von Gut und Böse gegessen hast, hast du auch Teil am Prozeß von Leben und Tod. Sonst wärest du unsterblich geblieben.«

Adam hatte nicht verstanden, daß er durch das Essen der Früchte die Einsicht verlieren würde, richtig entscheiden zu können. Er traf eine falsche Wahl, wodurch er immer weiter wegtrieb. So wurde es ihm unmöglich, zum Zustand des bewußten Seins zurückzukehren. Bevor er von jenem Baume aß, hatte Adam von geistiger Nahrung gelebt, hatte gegessen, was gut für ihn war. Nach dem Verzehr der Früchte vom verbotenen Baum jedoch mußte er hart für seine Nahrung arbeiten: umgraben, Gräben ausheben, hacken, das Unkraut jäten, das in seinem psychischen Garten wuchs. Dies war die Folge seiner falschen Entscheidung. Vor die Pforten des Paradieses wurde ein Wächter gestellt, ein Engel mit flammendem Schwert, so daß Adam und Eva nicht mehr zurückkehren konnten.

Adam soll sich nach seinem tiefen Fall sehr verloren und verzweifelt gefühlt haben. Wir alle kennen dieses Gefühl mehr oder weniger stark.

Wenn wir jedoch einsehen und verstehen, was wir falsch gemacht haben, und wenn wir uns dessen wirklich bewußt sind, können wir in jedem Augenblick versuchen, den Fehler wiedergutzumachen. Welche Fehler wir auch machen oder gemacht haben mögen – wenn wir uns an das Einswerden, das Einssein übergeben, dann werden wir erneut geboren.

Negative Gedanken, böse Gedanken und Gefühle finden dann keinen Nährboden in uns, und es wächst kein Unkraut mehr in unserem Garten. Wir fühlen uns in uns selbst warm und geborgen.

Wir können diese Paradiesgeschichte als eine Erzählung von Menschen auf dem Weg der Evolution ansehen. Wir stehen an einem Kreuzpunkt und besinnen uns.

Jedesmal, wenn wir die Worte hören, die zu Adam gesprochen wurden, müssen wir mit unserem inneren Ohr horchen. Wir meditieren über ihre tiefere Bedeutung und werden uns bewußt, daß ihr esoterischer Aspekt auch auf uns selbst zutrifft, ebenso wie sie für Adam eine esoterische Bedeutung hatten. Erst dann verstehen wir die Bedeutung des göttlichen Wortes für uns selbst, und die Wirklichkeit wird für uns zu einem Zweig voller aufblühender Knospen.

Dies geschieht, wenn die sieben großen Chakras miteinander in Harmonie verbunden sind und vom achten Chakra her das himmlische Licht unser mystisches Herz erfüllt.

7 Die Farben des Regenbogens

Wir wollen jetzt versuchen, unseren Körper durch Farben zu entspannen und die Chakras und ihre jeweiligen Gebiete in Harmonie miteinander zu verbinden. Ein vorsichtiger Anfang zu einer Entdeckungsreise in unser Inneres.

Übung

Wir liegen auf dem Rücken, unsere Arme liegen locker neben dem Körper, die Beine sind leicht gespreizt, die Füße fallen nach außen, und die Zehen lassen wir ebenfalls nach außen los.

Wir atmen von unserem kosmischen Auge aus (Chi-Punkt, Kreuzbein und die Haut dahinter) und entfalten unsere Schale weit rundherum bis in die Haut der Gesäßnaht. Wir nehmen den Boden wahr, der von der Haut des Beckenbodens und der Gesäßnaht gebildet wird, und fühlen, wie sich die Leisten bis in die Schalen der Hüftgelenke hinein ausfächern, wie sich auch Beine und Füße entspannen, wie die Kniegelenke rundherum rund werden.

Wie oben – so unten,
wie unten – so oben.

Wir fühlen, wie die gleiche tiefe Entspannung vom kosmischen Auge aus nach oben strahlt, durch den Raum des Sonnenge-flechts, durch den Raum des Brustkorbs, durch den Raum von Nacken, Hals und Kehle, durch den Raum in unserem Kopf und weiter durch unseren Scheitel nach außen, weit über unseren Kopf hinaus ausstrahlend.

Nun atmen wir aus und empfangen Licht und Kraft vom Himmel durch unseren geöffneten Kopf, durch unsere Wirbelsäule und an ihr entlang, durch das kosmische Auge, den letzten Steißbeinwirbel zu den Sitzknochen und ihren Vorderseiten hin, durch die geöffneten Beine und Füße, durch die geöffneten Fußsohlen, weit über die Fußsohlen hinaus.

Wir folgen innerlich aufmerksam den Energien durch uns hin und gehen mit ihnen mit:

Sind die Füße geöffnet?

Sind die Fußsohlen geöffnet?

Sind die Zehen und Zehenspitzen geöffnet?

Ist die Haut unter den Zehen geöffnet, ist sie warm und strahlt sie aus?

Sitzen keine Spannungen mehr zwischen den Reihen der Zehenknöchel?

Wenn unsere Füße geöffnet sind und ausstrahlen, sind auch unser Scheitel und unsere Kopfhaut geöffnet. Der geöffnete Kopf fühlt sich wie ein durchscheinender Kelch an, leer.

Das Ego, unser denkendes Ich, ist durch das Einfühlen in die Tiefe des Beckens gelangt.

Fühlen Sie die ausstrahlenden Tropfen an den Fingerkuppen.

Folgen Sie den vibrierenden Energien tief durch den Körper und dem Zunehmen von Wärme, Vitalität und Licht hinter den geschlossenen Augenlidern.

Wir stellen uns vor, daß wir rücklings auf den Wellen des Mittelmeeres treiben. Die Sonne über uns ist warm, aber nicht zu warm. Wir sind entspannt. Die Poren unserer Haut sind zum Wasser hin geöffnet. Wir fühlen uns von den Wellen getragen. Tasten Sie jetzt einmal innerlich ab, welche Farbe das Wasser haben könnte, das so tiefe Entspannung ermöglicht. Graugrün? Ein helles, durchsichtiges Blau? Türkis? Oder noch eine andere Farbe, die uns gut tut und uns in unserer Tiefe entspannen läßt?

Wir lassen das Meer los und sehen einen Regenbogen vor uns. Wir atmen ruhig weiter, jeder in seinem eigenen Rhythmus. Wir nehmen die Farben des Regenbogens wahr, eine nach der anderen. Wir lassen uns ganz von jeder Farbe durchstrahlen und nehmen wahr, wie jede Farbe innerlich auf uns wirkt.

Wir fangen mit rot an, einem lebendigen, warmen Rot. Rot bringt uns Vitalität und Lebenskraft. Es erwärmt uns tief in unserem Inneren. Wellen von rotem Licht spülen über unsere Füße, strömen über unsere Beine, durch die Knie und Oberschenkel zum Becken, das damit angefüllt wird. Von dort strömt das Rot in unseren Brustkorb hinein und füllt und wärmt unser mystisches Herz.

Es strömt weiter und füllt den Raum unserer Kehle und unseres Kopfes. Schließlich bedecken die roten Lichtwellen unser Gesicht und unseren Kopf rundherum. Wir spüren, wie diese roten, warmen Lichtwellen uns reinigen. Wie wir die Welt außerhalb von uns ausschließen und in einem Meer von rotem Licht leben, das zu unserem untersten Chakra gehört: dem roten sakralen Chakra.

Jetzt verändert sich das rote zu orangem Licht. Wellen orangenen Lichts strömen über unsere Füße, unsere Beine, unser Becken, unseren ganzen Oberkörper, über unseren Kopf. Wir werden mit einer kraftvollen, uns erneuernden Energie gefüllt. Diese warme orangene Farbe ist die Farbe unseres Nabel-Chakras.

Das goldgelbe Licht, das darauf folgt, ist die Farbe des Solar Plexus, unseres Sonnengeflechts. Das goldgelbe Sonnenlicht schenkt uns klares Denken, Geisteskraft, es verschärft unsere Sinne.

Grüngoldenes Licht umspült und badet uns nun in Wellen dieser harmonischen Farbe. Wir werden ruhig. Es hat eine entspannende Wirkung auf unser Herz. Wenn wir durch die Wälder wandern, nehmen wir all das Grün und Grüngold tief in uns auf und fühlen uns vital, im Gleichgewicht, entspannt. Himmelblau bringt uns ein Gefühl inneren Friedens. Wir können in uns nachspüren: wenn der Raum unseres Nackens, unserer Kehle und unseres Halses sich in dieser blauen Farbe tief entspannt, entspannen sich auch unser inneres Ohr, unsere Mundhöhle und der Punkt der Weisheit mitten auf unserem Scheitel. Blau ist eine herrliche Farbe, wenn wir meditieren oder uns selbst zur Ruhe bringen. Dieses Himmelblau wirkt besänftigend und schenkt Ruhe. So werden wir empfänglich für spirituelle Inspiration und Devotion. Blau ist auch die Farbe der Madonna.

Die Wellen von Indigoblau, die nun unseren Körper überspülen und durchspülen, verschärfen unsere Intuition. Im Indigoblau empfangen wir große Kraft.

Violette und lila Lichtwellen, die uns über- und durchspülen, wirken vor allem auf die spirituellen Zentren im Kopf, auf unsere inneren Augen. Violettes Licht gibt unserem Körper Kraft, öffnet die Poren unserer Haut, schärft unser Verständnis und verleiht uns Weisheit. Es nährt unsere Gehirnzellen. Leonardo da Vinci sagte einmal, die Kraft der Meditation nähme um ein Zehnfaches zu, wenn man in einer stillen Kirche meditiere, und violettes Licht durch die Glasmalereien ihrer Fenster fiele.

Nach dem Erleben jeder einzelnen Regenbogenfarbe in uns wollen wir uns vorstellen, daß wir uns selbst in den Regenbogen einwickeln. Wir wenden uns tief nach innen. Wir fühlen: Wie ist es in mir geworden?

Wir beschließen diese Übung, indem wir beim Einatmen wie auch beim Ausatmen das weiße Licht aufnehmen. Dieses weiße Licht schützt und reinigt Körper, Seele und Geist. Wir stellen uns vor, daß wir von reinem, weißem, funkelndem Licht umgeben und durchstrahlt werden.

In diesem weißen Licht befinden wir uns in der Gegenwart des Heiligen Geistes. Deshalb dürfen wir es – als eine geistige Waffenrüstung – nur verwenden in Situationen, in denen wir Schutz brauchen: bei einer ernsten Krankheit, in einer emotionalen Krise oder einem tiefen psychischen Schock. Niemals jedoch, um ein bestimmtes Ziel zu erreichen.

Dann schlucken wir und zwinkern mit den Augen.

Wir recken und strecken uns und breiten dabei nach rechts und links die Arme aus, nicht höher als horizontal, damit unsere Aura nicht zerreißt. Wir gähnen.

Anschließend atmen wir aus und empfangen Licht und Kraft vom Himmel und folgen aufmerksam den Energien durch unsere

Wirbelsäule hin und an ihr entlang, durch alle sakralen Räume hindurch, durch das heilige Dreieck, dann in zwei Strömen durch unsere Beine und Füße, weit über unsere Fußsohlen hinaus nach außen.

Wir müssen versuchen, diese Übung auch in Meditationshaltung sitzend zu machen.

8 Der Ätherleib

Die vorausgegangene Übung hat solch eine heilende Wirkung, ist so ruhebringend, daß ich jetzt weiter über geistiges Heilen sprechen möchte, auch deshalb, weil der Ätherleib und die Chakras stark daran beteiligt sind.

Das weiße Licht zerfällt, wenn wir es in unserem Atmen zulassen, in die sieben Farben des Regenbogens und verbindet sich dann mit den sieben großen Chakras in uns. Wenn wir von unserem kosmischen Auge her einatmen und dann durch uns hindurch über das kosmische Auge wieder ausatmen zu unseren Fußsohlen hinaus, dann sind wir offen zwischen Erde und Himmel.

Bei unseren Übungen und unserer Selbstreinigung nehmen wir immer genauer wahr, was diese Farben uns geben. Ihre Wirkung können wir durch Summen bestimmter Klänge und Mantren verstärken.

Wir wollen uns nun fragen, in welchem Zusammenhang geistiges Heilen mit Glaube und Gebet und mit der Wirkung des Heiligen Geistes durch uns hindurch steht. Persönlich möchte ich noch hinzufügen: Wissen und Kenntnis, denn Heilen steht mit den Naturgesetzen in Verbindung. Die heilende Kraft aber stammt aus der großen Quelle, von Gott.

Es ist gut, uns klar vor Augen zu führen, daß in jedem Menschen ein Heiler verborgen liegt. Es ist eine Gabe, die sich immer stärker entwickelt, je mehr wir darauf achten, von unserem kosmischen Auge aus zu atmen. Dieses ist die Spiegelung unseres Wesens, aus dem wir unsere persönliche Beziehung zu Gott erfahren. Ganz real fühlbar ist dies, wenn wir in Meditation sitzen, mit unserem Atem mitgehen und von dort in der tiefen Stille in uns immer empfindlicher wahrnehmen. Wir erfahren, daß wir Kanal sind, Instrument, daß wir immer leerer werden vom Ego und vom denkenden Ich, so daß neues Licht und neue Kraft in uns eindringen können.

Es erfordert viel Zeit, große Hingabe und Selbstdisziplin sowie viel Mut, wenn wir so tief in das Dunkel in uns selbst hinabsteigen wollen, das wir oft verdrängt oder sogar vergessen haben.

Dennoch müssen wir geduldig weitermachen und daran arbeiten, in das Dunkel hineinzugehen, so daß Licht dort eindringen und auf diese Weise mit der Zeit unser Dunkles in Licht umgewandelt werden kann.

Wenn man einmal damit angefangen hat, muß man fortfahren, da unsere Seele und unser Geist sich in unserem Körper spiegeln. Durch Spannungen, Krämpfe und auch durch Schmerzen oder Krankheit bedingt, werden wir von unserem Dunklen bestimmt. Haben wir Einsicht in uns selbst gewonnen, setzt der Heilungsprozeß ein.

Wenn wir vom kosmischen Auge aus atmen, empfangen wir mit unserem Atem durch die offenen Poren unserer Haut auch kosmische Energien. Infolge dieses Zuflusses von kosmischen Energien sind wir nach kurzer Zeit vitaler, und unser Mut und unser Vertrauen, diesen Weg zu gehen, nehmen zu.

Unser ganzes Leben lang sind wir damit beschäftigt. Immer wieder kommt Dunkles auf uns zu, in uns auf, oft karmisch bedingt, oft aber auch von außen, weil ein anderer sein Dunkles nicht bewältigen kann und in Form von Eifersucht, negativer Kritik, Hochmut usw. auf uns projiziert. Wir müssen dann aus unserem Verständnis, unserer Weisheit, unserer Selbsterkenntnis, Wärme und Liebe schöpfen: aus den Christuskräften in uns.

Wir müssen es aber auch akzeptieren, wenn wir in unserem Bemühen, anderen helfen zu wollen, versagen, wenn wir keinen Zugang zu ihnen finden.

Wenn wir uns mit geistigem Heilen befassen, gelangen wir wie von selbst zum Ätherleib. Der Ätherleib hilft uns, Krankheit und Dunkelheit in anderen wahrzunehmen.

Wie können wir uns den Ätherleib vorstellen? Ist er identisch mit unserer Aura? Nein! Am besten denken wir uns den Ätherleib als ein Duplikat unseres physischen Körpers, als unser Double. Daher wird er auch »ätherisches Double« genannt. Wir stellen uns einen enganliegenden Anzug vor, wie Tiefseetaucher ihn tragen, der jeder Linie des Körpers folgt.

Der Ätherleib besteht aus einem System von elektromagnetischen Strömungen, also aus Energie. Er wächst mit unserem physischen Körper mit. Er ist untrennbar mit uns verbunden, bis zu unserem Tod. Der Ätherleib umschließt uns nicht nur, er durchdringt und durchstrahlt uns auch. So wird der physische Körper ebenfalls gereinigt und gesund.

Wenn sich unser inneres Wahrnehmen mehr und mehr verschärft, nehmen wir sofort die unreinen Spiegelungen von Seele und Geist im Ätherleib wahr.

Die tiefen Einfühlübungen, bei denen wir vom kosmischen Auge aus atmen, in Verbindung mit dem Schauen mit unserem vergrößerten rechten Auge reinigen den Ätherleib. So werden Krankheiten daran gehindert, in den physischen Körper einzudringen, und wir werden gesund und stärker. Durch die wachsende Energie nimmt unser Durchhaltevermögen zu, und unser Widerstand gegen Krankheiten wächst beträchtlich – nicht damit wir immer mehr tun, sondern um das, was wir tun, gut tun zu können. Dies erfordert, daß wir von innen heraus unsere Grenzen setzen, uns nach ihnen richten und sie beachten.

Jeder Teil des physischen Körpers hat sein Double im Ätherleib. Dies kann man deutlich bei Verstorbenen wahrnehmen, bei denen sich der Ätherleib abgelöst hat. Wenn man in Übergabe stirbt, innerlich ruhig losläßt, werden zuerst die Füße kalt und gefühllos, dann die Beine. Die Kälte steigt höher und höher. Dies hängt damit zusammen, daß sich der Ätherleib langsam vom physischen Körper ablöst. Die Energien, die ihn zuvor durchstrahlten und ihm Leben verliehen, ziehen sich nun zurück.

Im Atmen von unserer Quelle her nehmen wir die kosmischen Kräfte in uns auf. Die prachtvolle violette Strahlung, die uns dann umgibt, entstammt dem Ätherleib, der aufgeladen wird. Menschen, die dies wahrzunehmen vermögen, werden es bestätigen.

Stellen Sie sich vor, daß jemand mit Kopfschmerzen zu uns kommt und uns um Hilfe bittet. Kopfschmerzen können bei Störungen im Ätherleib entstehen, die sich im physischen Körper widerspiegeln, möglicherweise im Zentralnervensystem. Wir öffnen dann zuerst die Füße durch Abstreichen, indem wir jeden Fuß und auch jede Zehe massieren. Erst wenn wir fühlen, daß die Füße geöffnet sind und warm werden, streichen wir den Kopf ab. Auf diese Weise ziehen wir die Kopfschmerzen aus dem Kopf heraus, in unsere Hände hinein. Durch unsere größere, stärkere elektromagnetische Kraft ziehen wir die Störung aus dem Ätherleib unseres von Kopfschmerzen geplagten Mitmenschen heraus. Wir schütteln dann unsere Hände aus und spülen sie unter kaltem Wasser ab. Nun sind wir die Kopfschmerzen beide los.

Dies mag zwar etwas vereinfacht klingen, aber ich habe ja auch bewußt ein einfaches Beispiel gewählt. Hier werden Spannungen beseitigt, so daß der Körper wieder durchströmt wird und Blokkaden sich lösen. Nun kann die heilende Strahlung eindringen, die vom Helfenden ausgeht.

Heilen ist ein Prozeß, der natürlichen Gesetzen folgt. Es handelt sich dabei nicht um eine besondere Gabe. Die Fähigkeit zu heilen ist in jedem von uns vorhanden, wir müssen nur erkennen, daß jeder ihr auf seine eigene, persönliche Weise Ausdruck verleiht. Es geht dabei nicht nur um heilende Hände oder heilende Augen. Wichtig ist das, was der ganze Mensch ausstrahlt.

Wenn wir von unserem kosmischen Auge aus atmen und leben, ist das Ego durch Einfühlen in die Tiefe unserer Schale gelangt. Alles Emotionale ist dort zu einem tiefen Mitfühlen geworden, zu einem Einfühlen, Durchfühlen, einem Wiederfühlen in uns.

Wenn man mitfühlt, was andere an Schwerem durchmachen, erzeugt dies ein tiefes Verlangen, helfen zu dürfen. Es kommt auf die Liebe an, die Liebe zum anderen, die Wärme aus unserer Chi-Quelle, denn von dort sind wir mit der großen kosmischen Quelle, mit Gott, verbunden. Wenn uns diese Verbindung fehlt, helfen wir nur aus unserem Ego heraus, was oft zu einer Aufblähung des Ich führt.

Kurz gesagt: Geistiges Heilen erfordert Leben und Offensein

zwischen Erde und Himmel. Leer- und Reinsein durch Üben in uns selbst. Wir müssen den goldenen Faden, der uns mit Gott verbindet, durch Meditation und Gebet stärken. Wir müssen innerlich aufrecht sein gegenüber uns selbst und dem anderen, indem wir den ganzen Tag über in der tiefen Stille in unserer Schale aus Licht verweilen. Und wenn wir einen Fehler gemacht haben, müssen wir ihn durch tiefe Selbsterforschung zu erkennen suchen. Nur Liebe, Wahrhaftigkeit und Aufrechtsein sind die Grundsteine, auf denen wir weiterbauen dürfen.

9 Übung und Meditation

Wir legen uns entspannt hin, bilden zusammen einen Kreis und regulieren unseren Atem von unserem Chi-Auge aus. Die Beine sind gespreizt, so daß die Leisten geöffnet sind.

Wir atmen ganz ruhig. Unsere Aufmerksamkeit ist nach innen gerichtet, auf die verschiedenen Bewußtseinsniveaus, auf die Chakras in uns.

Wir lassen zuerst die Spannung, die Müdigkeit aus unserem Kopf los, über unseren Hinterkopf durch die Haut zum Boden hin. Alles, was verhindert, daß der Kopf leer ist, aus der Medulla loslassen, an allen Halswirbeln entlang. Was spannt, was hart und starr ist, durch die geöffneten Poren zum Boden hin abfließen lassen.

Aus den Schultern, den Schulterblättern und dem Raum dazwischen lassen wir alles los, was uns bedroht.

Alles Müssen und Wollen, alle Pflichten aus Oberarmen, Ellenbogen und Unterarmen, Handgelenken und Händen durch die geöffneten Poren zur Erde hin abfließen lassen.

So machen wir es auch mit der gesamten Rückenfläche, den schmalen Lenden, der breiten Rückseite des Beckens, den Rückseiten der Leisten, den Kniekehlen, den Unterschenkeln, und wir achten dabei besonders auf

- die Waden,
- die Achillessehnen,
- die Fersen,
- die Fußsohlen,

und wir gehen dann zwischen den Zehen, durch die Zehen und zu den Zehenspitzen hinaus.

Spüren Sie jetzt in sich selbst nach: Wie ist es geworden?

Tasten Sie ruhig ab, die Körperteile, die Räume, die Organe, überall, wo Sie hineingehen.

Nehmen Sie die Strahlung Ihres kosmischen Auges wahr, die Wärme und die Kraft, die von dort aus unseren Körper tiefer reinigen und öffnen, ihn transformieren zwischen Erde und Himmel.

Auf diese Weise öffnen wir uns den kosmischen Energien. So dringt auch kosmisches Wissen, kosmische Weisheit in uns ein. So wird Innen zu Außen und Außen zu Innen. Wir leben dann in einem unermeßlich erweiterten Bewußtsein, nicht nur, was die Welt in uns angeht, sondern auch die Welt außerhalb von uns, von der wir ein Teil sind.

Wir erfahren, daß das Leben in den Tieren, den Pflanzen und Bäumen, den Bergen und Flüssen, in allem, was uns umgibt, auch in den Menschen um uns herum, Teil unseres Wesens ist, daß wir sie schon allein deshalb lieben können, wie wir uns selbst lieben.

Wir atmen ruhig weiter.

Wenn wir unsere Augen geschlossen halten und den Raum in uns wahrnehmen, merken wir, daß sogleich unsere inneren Augen und unser inneres Fühlen ans Werk gehen. Intensiv.

Können wir wahrnehmen, daß der innere Raum viel größer ist als der Raum, den wir nach außen hin abtasten? Dies ist schwierig zu glauben, weil unser Körper verhältnismäßig klein ist. In unserem Geist ist aber genügend Raum für das ganze Universum und für alles und alle, die darin leben.

Alles, was wir nicht kennen, liegt in diesem Raum beschlossen, denn nur dort, in uns, in unserem Bewußtsein können wir alles erfahren: unsere Sorgen, unsere Wünsche, die wir manchmal uns lieben Menschen anvertrauen, oft aber auch verschweigen aus Angst, kritisiert oder verurteilt zu werden. Wir fühlen uns dann bedroht und einsam.

Jetzt sind wir eins miteinander. Durch die offenen Poren nehmen wir einander wahr.

Strahlen Sie nun einmal von Ihrem eigenen kosmischen Auge zu dem Ihres rechten Nachbarn hin. Versuchen Sie, gemeinsam in die gleiche Schwingungsfrequenz zu kommen. Legen Sie Ihr Bewußtsein in Ihren Nachbarn hinein, sehen Sie durch seine

Augen und durch sein Herz, fühlen Sie, wie er sich fühlt. Lassen Sie sein Bewußtsein in sich zu?

Tasten Sie still und ruhig, tief in Ihrem Inneren ab.

Merken Sie, daß Sie auch sich selbst besser erfahren können, wenn Sie sich in Menschen, Tiere, Pflanzen, Bäume, Steine, Wasser, Sterne und Planeten einfühlen? Es gelingt nicht sofort, aber je mehr wir dies erfahren dürfen, um so glücklicher werden wir.

Stellen Sie sich selbst als eine transparente Kuppel vor. Alles befindet sich in Ihrem Inneren. Wie fühlt sich das an? Nicht unser Körper ist diese transparente Kuppel, sondern unser Bewußtsein ist es.

Wenn alles in unserer transparenten Kuppel existiert, auch alle Menschen, mit denen wir täglich zu tun haben, können wir unmöglich jemandem die Schuld für etwas zuschieben und sagen: »Du hast einen Fehler gemacht, du warst es!« Jeder Mensch ist dann nämlich ein Teil von uns, nicht abgetrennt von uns. Wir sind *eins*.

Durch die geöffnete Haut hindurch lernen wir einander zu akzeptieren. Wir lernen, daß es schön ist, miteinander eins zu sein. Wir lernen auch, dies zu fühlen und zu sagen:

»Ich bin hier und du bist auch hier,
wir sind beide mehr als unsere Körper.«

Wir sind jetzt offen füreinander;
● Wir atmen vom kosmischen Auge aus ein, sieben Schläge lang,
dann pausieren wir einen Schlag lang,
atmen sieben Schläge lang aus, zu den Zehenspitzen hinaus,
und pausieren wieder einen Schlag lang.

Jetzt ganz still, in tiefem Frieden in uns selbst:
● »Ah« Einatmen, weit rundherum vom kosmischen Auge aus,
»Hum« Pause,
»Oh« ausatmen, zu den Zehenspitzen hinaus,
»Hum« Pause.

Diese Meditation setzen wir still fort.

Dann schlucken wir, zwinkern mit unseren Augen.

Wir strecken uns aus und gähnen, wobei wir unsere Arme horizontal nach links und rechts ausdehnen.

Dann atmen wir aus vom achten Chakra, 40 cm über unserem Kopf, durch uns hindurch zum neunten Chakra, 40 cm unter den Fußsohlen.

Meditation

Wir setzen uns jetzt zur Meditation hin, auf unsere Sitzknochen. Wir lassen unsere Sitzknochen mit der Fläche, auf der wir sitzen, verwurzeln. Dann bewegen wir uns ganz leicht, um einen Grad, nach vorn. Durch die Sitzflächen hindurch und durch offene Beine und Füße reichen wir bis zur Erde hin. So erst erlangt unser Körper seine Freiheit und kann auf rechte Weise atmen.

Unser Scheitel weist zum Himmel, unser Kinn weist von selbst nach innen. Wir tasten das Schädeldach ab. Es scheint, als ob unser Haar zu Lichtkanälen transformiert.

Wir fühlen, wie der Nacken Spannung losläßt, frei wird.

Falls wir während der Meditation mit dem Rücken einsacken, gehen wir zu unserem Haar zurück, und die Energien strömen wieder durch unsere Wirbelsäule und an ihr entlang.

Wir lassen die Zunge los und legen die Zungenspitze hinter die Schneidezähne des Oberkiefers. Der Unterkiefer ist locker, unser Gaumen geöffnet und frei von Spannung.

Von unserem Hinterkopf gehen wir mit unserer Aufmerksamkeit an der Wirbelsäule entlang nach unten, durch:

- 7 Nackenwirbel,
- 12 Brustwirbel,
- 5 Lendenwirbel,
- das Kreuzbein und
- das Steißbein.

Wir stellen uns vor, daß das Steißbein 10 cm länger wird.

Jetzt erfahren wir, wie unser Kopf leer wird, immer leerer vom Ego, vom denkenden Ich, und wie ein höheres Bewußtsein in uns hineinkommt. Wir sind in die tiefe Stille in unserem Inneren eingetreten.

10 Die Aura

Jeder Mensch hat sowohl einen Ätherleib als auch eine Aura. Beide sind miteinander verbunden, sind jedoch nicht dasselbe.

Die Aura, die entsteht, wenn wir vom kosmischen Auge aus atmen, ist eine Vibration, eine Strahlung, die uns zwischen dem neunten und achten Chakra umgibt (ungefähr 40 cm unter unseren Fußsohlen und ungefähr 40 cm oberhalb des Kopfes), ein elektromagnetisches Kraftfeld, das nach allen Seiten hin ausstrahlt, wie die Flamme einer Kerze oder wie eine Lampe. Die Aura zeigt uns, was in unserem Inneren vor sich geht, und sagt uns, auf welchem Bewußtseinsniveau, von welchem Chakra aus wir leben.

Bei den meisten Menschen sieht man ein ständig wechselndes Muster von Farben, weil sie schnell vom einen zum anderen Chakra wechseln, zum Beispiel nach Grün, wenn sie unsicher sind, nach Gelb beim emotionalen Denken, nach Himmelblau, wenn sie an ihre Vergangenheit zurückdenken. Aber bei jedem von uns gibt es eine Grundfarbe, die vorherrscht, zu der wir immer wieder zurückkehren, die Ruhefarbe, die Farbe unseres bewußten Seins.

An der Aura können wir Gesundheit und Charakter eines Menschen ablesen. Krankheit und Schmerzen werden in der Aura als dunkle Flecken sichtbar. Manchmal, wenn sich die Krankheit noch im Anfangsstadium befindet, gleicht der Fleck einem Nebel. Wenn wir dies rechtzeitig bemerken, kann noch einiges geheilt werden. Die Aura eines gesunden Menschen strahlt wie Licht aus, Licht in zarten, feinen Farben.

Wenn wir jemandem helfen wollen, muß die Strahlung unserer Aura, die wir weitergeben, rein und intensiv sein. Auch hier begegnen wir wieder der gleichen Aufgabe, die uns gestellt wird: wir müssen uns üben

- im Rein-Sein,
- im Leer-Sein,
- in Demut

und die Strahlung weitergeben in Wärme und Liebe.

Steht jemand kurz vor dem Tode, so verändert sich seine Aura zu einer dunkelgrauen Farbe.

Wenn wir uns durch die Einfühlungsübungen und Meditationen reinigen, erhöht sich automatisch unsere Sensibilität, und oft merken wir, daß wir plötzlich Auras wahrnehmen können. Durch die Aura werden uns der Charakter, die Gaben und Möglichkeiten unseres Mitmenschen deutlich gezeigt, sein Licht und sein Dunkel, was aufrichtig ist und was er sich einbildet.

Menschen, die aufrichtig und positiv eingestellt sind, liebevoll, selbstlos und einfühlend, haben große Auras, kalte, unaufrichtige, selbstsüchtige Menschen dagegen kleine, trübe Auras.

Indem wir vom kosmischen Auge her atmen, verschärft sich unser Wahrnehmungsvermögen, so daß wir schneller die Stimmung unserer Mitmenschen erkennen. Wenn sie depressiv ist, versuchen wir, von unserer Quelle her Wärme und Licht zu ihnen auszustrahlen, mitten durch ihre harte, dunkle Schale hindurch, um diese zu durchbrechen. Wir wissen aus eigener Erfahrung, wie schwer man sich von solch einer negativen, in sich selbst gekehrten Stimmung befreien kann.

Indem wir bewußt atmen, finden wir immer leichter zu unseren Gefühlen. Wenn sie emotional sind, wissen wir, daß wir dies verändern können, indem wir das Emotionale im Ausatmen zum tiefen Fühlen in unserem Becken hin mitnehmen. Wir erfahren dann ganz deutlich Ruhe und neue Kraft.

Schauen Sie jetzt einmal von Ihrem kosmischen Auge aus in Ihr Stirnauge (Nasenwurzel, drittes Auge und das heilende Auge mitten in Ihrer Stirn). Fühlen Sie die Verbindung zwischen den beiden Augen, eine Urverbindung.

Ruhig schauen, ruhig warten.

Lassen Sie aufkommende Gedanken still vorüberziehen. Manchmal taucht ein intuitiver Blitz, eine Einsicht, ein spezielles

Gefühl auf. Lassen Sie auch dies vorüberziehen, denn wenn Sie es greifen wollen, landen Sie wieder in Ihrem Ego. Das gleiche geschieht, wenn Sie sich etwas merken wollen. Lassen Sie los! Ihre Intuition merkt sich, was wichtig ist.

Schaffen Sie auf diese Weise Raum für Ihr höheres Bewußtsein. Nehmen Sie wahr, daß wir keine getrennten Ichs in einem kleinen Körper sind, sondern daß wir ganz bewußt vom kosmischen Auge, von unserer Quelle aus, viel weiter werden, als wir jemals für möglich gehalten hätten, in einer strahlenden Aura. So empfangen wir große schöpferische Kraft, zum Beispiel auch zum Heilen.

Wir stehen aufrecht mit unserer geraden Wirbelsäule und fühlen uns verantwortlich für unsere Lebensweise auf diesem inneren Weg. Wir gestehen uns selbst auch keine Seitenpfade oder Umwege mehr zu. Bei Jesaja (30, 20/21) heißt es so deutlich:

> Deine Ohren werden hinter dir das Wort hören:
> »Dies ist der Weg; den geht.
> Sonst weder zur Rechten noch zur Linken!«

Das bedeutet, daß wir an uns selbst hohe Anforderungen stellen müssen, unseren Charakter zu verändern suchen, indem wir mit dem Ausatem durch die offenen Fußsohlen hindurch loslassen. Das wird uns Licht bringen.

Wenn wir mit Menschen arbeiten, wird unsere Aura größer und stärker. Dies ist vor allem bedingt durch die Wirkung des vergrößerten rechten Auges, zusammen mit dem kosmischen Auge.

Wir nehmen den anderen in unserer Wärme und Strahlungskraft mit, nicht nur über unsere Hände und Augen, sondern durch die reinigende und heilende Strahlung unseres ganzen Körpers.

Wir müssen uns daran gewöhnen, offen durch das Leben zu gehen und zu akzeptieren, daß wir Spannung, Müdigkeit, Krampf, Dunkel, Schmerz in unsere Aura aufnehmen. Wenn wir lernen, vom kosmischen Auge aus zu leben, zu atmen und zu sein, beschützt uns diese Strahlung. Dies wird noch verstärkt, wenn wir die kleine Pyramide in uns visualisieren, mit dem kosmischen Auge an der Spitze und dem heiligen Dreieck als Grundfläche. Die Strahlung ist auf diese Weise stark und rein, sie beschützt uns den ganzen Tag über.

Wenn wir müde werden und uns erschöpft fühlen, ist das Strahlungsfeld um uns herum klein. Das Dunkle kann dann leicht in uns eindringen und kann uns depressiv und krank machen. Deshalb sage ich immer: Erschöpfung ist unser größter Feind. Es ist wichtig, daß wir selbst die richtigen Farbvibrationen kennen, die uns wiederherstellen und uns gut tun. Im Familien- und Berufsleben entsteht viel Disharmonie, weil die persönlichen Aurafarben der Menschen innerhalb einer Gruppe nicht miteinander harmonieren.

In »Winged Pharao« schreibt Joan Grant, daß der Hohepriester Ptah-Kefer den Kindern des Palastes erzählt, wie er eine Aura sieht: Er erzählt, daß wir mit unseren irdischen Augen, dem linken und rechten Auge, Ungeduld, Ärger, Eifersucht oder Begierde nicht sehen. Wir nehmen nur die Reaktionen wahr. »Aber«, sagt er, »wenn ich mit meinen inneren Augen Menschen anschaue, dann lese ich ihre Gedanken, ihre Emotionen und Gefühle als Farben. Je dunkler die Farbe ist, um so näher leben diese Menschen bei der Erde. Je feiner, sanfter, transparenter die Farbe ist, um so mehr sind sie mit der Quelle des Lichts verbunden, zu der wir einst alle zurückkehren werden.«

»Eifersucht und Begierde«, sagt er weiter, »sehe ich als tiefes Dunkelgrün. Echte Sympathie, Mitempfinden, Mitgefühl ist das zarte Grün der Luft und des Morgenhimmels. Weisheit erscheint als sanftes Hellgrün, wie Sonnenschein auf einer weißen Mauer, Begierde nach Reichtum wie trockener Lehm, wie der Schlamm, aus dem man Backsteine formt.«

Jedes Bewußtseinsniveau hat seine eigenen Farbmuster. Die Farbskala aus der Tiefe unserer Schale ist eine andere als bei einem Menschen, der zum Beispiel aus dem Sonnengeflecht heraus lebt. Jede Emotion hat ihre eigene, spezielle Farbe. Die

Emotionen, die uns am meisten beherrschen, bestimmen die Farbe des Lichts, das von uns ausstrahlt. »Angst umwölkt uns als schmutziges Grau, wie der Rauch von Öl. Große Ungeduld, Unverträglichkeit als Rot, wie kleine Blutstropfen.«

So gibt es viele Zeichen, anhand derer man einen Menschen beurteilen kann. »Das helle Gelb ist die Farbe der Weisheit, die aus der Erfahrung geboren wird. Das sanfte Grün des Mitfühlens entsteht aus vollkommenem Verstehen. Warmes Rot spiegelt den Mut, der die Angst überwunden hat.« Soweit Ptah-Kefer in »Winged Pharao« (S. 23).

Rot ist wichtig beim Behandeln von Krankheiten, bei denen Angst, tiefe Angst die Ursache ist. Rot stärkt und stimuliert den physischen Körper. Gelb wirkt bei psychischen Krankheiten klärend und beruhigend. Es erzeugt Vitalität und stärkt die mentale Aktivität. Zartes Grün erzeugt ein Gefühl von Sympathie, ein tiefes Mitgefühl für jemanden, der zutiefst betrübt ist und leidet. Grün bringt Ruhe und vermindert die Spannung im Nervensystem. Blau wirkt inspirierend und verleiht Geisteskraft. Purpur sublimiert die Prozesse von Körper, Seele und Geist.

Überall ist Farbe. Wie würde die Welt ohne Farben aussehen!

Vor allem im Frühling ist, wohin wir auch schauen, das Licht überall so stark und so neu, daß alle Farben mit ihren Schatten und Schattierungen besonders gut zur Geltung kommen.

Stellen wir uns unsere Aura einmal vor, wie sie von unserem kosmischen Auge aus in den schönsten Farben unseren Körper umstrahlt. Sicherlich erfahren wir ihre Wärme und Kraft. Wenn wir krank sind oder Schmerzen haben, können wir die graue, trübe Farbe in bestimmter Entfernung in der uns umkreisenden Kraft der Aura erfahren. Oder wir fühlen Unterbrechungen in der Strahlung, geringere Kraft oder weniger Volumen an bestimmten Stellen der Aura. Hier können wir uns selbst helfen, indem wir blaue oder violette, gelbe oder orange Kleidung tragen.

Die chinesische Farbe der Trauer ist das Weiß. Weiß wird mit Reinheit, Klarheit, Frieden und geistiger Erleuchtung assoziiert. Unsere hiesige Trauerfarbe, das Schwarz, vergrößert den Kummer und die Trauer nur noch.

Alle Farben wirken heilend. Aber nur wenn wir tief in uns abtasten, wissen wir, welche Farbe uns persönlich gut tut.

Wenn wir uns gereinigt haben und entspannt in Meditation sitzen, öffnen wir uns dem weißen, himmlischen Licht des achten Chakras. Es ist immer für uns da, wenn wir uns ihm nur öffnen. Es kann in viele Farben, in immer wieder neue Muster zerfallen, je nachdem, wie gereinigt wir sind oder auf welchen Aspekt unsere Aufmerksamkeit gerichtet ist.

»Om« zu summen, hilft uns, so offen und rein wie möglich da zu sein. Wir können auch die Farben des Regenbogens nacheinander durch uns hindurch strahlen lassen.

Wer Schwierigkeiten mit der Visualisierung einer Farbe hat, kann sich zum Beispiel eine Mohnblüte vorstellen, eine orange Ringelblume, eine Wiese voller gelber Butterblumen, junge grüne Birkenblätter im Frühling, Vergißmeinnicht-Blau, Anemonen-Blau und das Violett der Klematis oder der Viola Cornuta. Oder Kerzen in verschiedenen Farben, farbige Waschlappen, Handtücher oder Schals, Buntstifte oder Malfarben.

Wenn wir uns wirklich in diese phantastische Farbtherapie begeben, finden wir immer neue Möglichkeiten.

Eine Aura-Übung

Nun, da wir die Wirkung der sieben großen Chakras in uns bewußter wahrnehmen, vor allem auch in Verbindung mit dem achten und neunten Chakra außerhalb von uns, können wir auch deutlicher unsere Auras erfahren.

Wir setzen uns nun im Meditationssitz hin oder wir legen uns auf den Rücken. Letzteres ist bequemer und entspannender, wenn wir eine Übung zum ersten Mal ausführen. Wenn die Wege durch uns hindurch sich öffnen, folgen wir den Energien.

Wir liegen in der uns bekannten Weise auf dem Boden.

Wir atmen weit rundherum ein, bis in die Haut unserer Gesäßnaht. Wir nehmen die Haut von Beckenboden und Gesäßnaht wahr und die Energie, die die Leisten bis in die Schalen der Hüftgelenke öffnet. Auch Beine und Füße transformieren.

Dies scheint viel für ein einziges Einatmen zu sein, aber je mehr wir es üben und auch im Alltag wie selbstverständlich tun, um so eher stellen sich diese Wahrnehmungen wie ein Blitz ein, wobei auch das neunte Chakra mit einbezogen ist. Dadurch nimmt auch die Strahlungskraft des neunten Chakras zu und verstärkt die Strahlung unserer Schale aus Licht. Wenn das neunte Chakra zum Leben erwacht, öffnet sich auch das achte Chakra.

Wir empfangen im Ausatmen himmlisches Licht und himmlische Kräfte:

- durch den offenen Scheitel,
- durch die Wirbelsäule und an ihr entlang,
- durch den letzten Steißbeinwirbel zu den Sitzknochen und ihren Vorderseiten,
- mitten durch die Beine hindurch,
- zu den Fuß-Chakras hin und zum großen Nierenpunkt,
- durch die Spitzen der mittleren Zehen hinaus, zum neunten Chakra hin.

Im Atmen der Kreuzform werden wir gereinigt und vom weißen Licht des Himmels durchstrahlt. Das Licht breitet sich im ganzen Körper aus. Manchmal zerfällt es in die Farben des Regenbogens, oft bleibt es weiß. Der Körper sorgt selbst für das, was er braucht.

Versuchen Sie zu fühlen, ob Ihr Kopf kühl ist und Ihre Füße warm sind.

Wir treten nun in unseren Chi-Garten ein und setzen uns im kosmischen Auge auf eine Bank. Wir schauen uns ruhig in diesem Garten um. Er hat die Form eines Tals. In der Ferne sehen wir zwei ausstrahlende Felsspitzen, unsere Sitzknochen. Unser Chi-Garten reicht bis tief in die Haut dahinter und bis in die Haut des Beckenbodens hinein. Das Licht, das durch unseren Garten strahlt, ist Mondlicht.

Wir bemerken, daß wir jetzt, da wir uns so aufmerksam umschauen, weit über unser Becken hinaussehen können. Die Haut scheint sich aufgelöst zu haben. Wir haben keine Grenzen und sind weit, geräumig und tief. Von unserem kosmischen Auge aus strahlt die Aura um uns herum kraftvoll und klar aus. Alle Chakras sind in Harmonie miteinander verbunden. Diese Aura erhält ihre Kraft aus unserer Verbindung des kosmischen Auges mit dem Kosmos, mit Gott.

Wer mit dem inneren Auge wahrnehmen kann, sieht, daß diese Aura um so weiter ausstrahlt, je gesünder und stärker wir sind. Wenn wir kranke Organe in uns haben, ist die Aura unruhig, sie flackert und zieht sich manchmal zusammen.

Wenn wir emotional gewesen sind und zu weit oben atmen, zum Beispiel im Sonnengeflecht oder im Bereich unseres Herzens, entstehen Löcher oder große Risse in unserer Aura. Sie kann uns dann nicht mehr beschützen, wir sind nicht mehr ganz, sondern gespalten und zerrissen.

Aus einer imaginären Grenze um die erste Aura herum entsteht die zweite Aura. Auch sie ist eng mit den sieben großen Zentren der Chakras verbunden, empfängt aber außerdem Kraft aus dem achten und neunten Chakra. Diese Aura wird auch »psychische Aura« genannt, weil sich in ihr Emotionen, Wünsche und Leidenschaften spiegeln. Sie strahlt auch, wenn Menschen Kontakt miteinander haben. Aus einem psychischen Bewußtsein heraus ist dieser Kontakt warm und gut, und es besteht dann gegenseitiges Vertrauen.

Von einer imaginären Grenze um die zweite Aura herum strahlen wir eine dritte Aura aus. Diese Aura ist mit Licht gefüllt und wird »spirituelle Aura« genannt. Sie ist ständig in Bewegung und kann vom kosmischen Auge, von der geöffneten Hand und von der Energie der beiden ersten Auras aus weit ausstrahlen. Je nach der Kraft des betreffenden Menschen, kann diese dritte Aura weniger kompakt sein als die beiden ersten, ja sogar schwach sein. Über sie haben wir als neue Menschen durch unser mystisches Herz Kontakt mit anderen. Wir erfahren unsere Verbindung mit der Erde, dem Kosmos, den Bergen, Flüssen, Tieren und Pflanzen, mit der Sonne, dem Mond und den Sternen.

Diese Auras sind wiederum in verschiedene Schichten unterteilt. Wer die Auras hinter geschlossenen Augenlidern nicht sehen kann, erfährt dennoch ihre heilende Kraft, besonders wenn sie in uns zurückstrahlen.

Von einer imaginären Grenze der dritten Aura strahlen wir eine vierte Aura aus. Wir nehmen ganz deutlich wahr, wie unsere gesamte Rückseite transformiert und wie alle fünf Sinne sich verschärfen:

- weite Gehörgänge, die rundherum ausstrahlen,
- stark vergrößerte Augen in Augenhöhlen, die unser ganzes Gesicht ausfüllen,
- die Haut scheint sich aufgelöst zu haben,
- das Tor unserer Nasenhöhle öffnet unseren gesamten Kopf unbegrenzt,
- die Zunge scheint aufgelöst in einer grenzenlosen Mundhöhle zu liegen.

Letzte Reste von Spannung und Verkrampfung lösen sich auf. Unser ganzer Körper schwingt auf einer hohen Frequenz. Wir sind ganz, gereinigt, geheilt, Teil von allem, was ist, ohne Grenzen.

Diese Übung macht deutlich, daß wir Licht aufnehmen, je nach dem Stand unserer psychischen Selbsterforschung, unserer Reaktionen, unserer Einsicht, und je nach dem, wie wir ungenutztes und manchmal auch unerwünschtes Licht – ein Zuviel davon – ausstrahlen, nach außen hin abgeben. Dies ist die Aura.

Das von uns aufgenommene Licht wird durch elektrochemische Prozesse absorbiert und verarbeitet, und durch diese Umsetzung verändert sich unser Energiesystem und damit auch unser psychisches Bewußtseinsniveau.

Die sieben großen Chakras haben die Tendenz, das Licht unseres Bewußtseins, das wir reproduzieren, in der gleichen hohen Schwingungsfrequenz wieder zu empfangen. Diese ständig wiederkehrende Tendenz ist der evolutionierenden Kraft der Veränderung, durch die wir wachsen, entgegengesetzt. Je mehr wir die

Wirkungsweise der Chakras, die subtile Verbindung zwischen den Atomen, Molekülen, den Zellen und dem Bewußtsein verstehen, um so größer ist der evolutionäre Sprung in unserer Entwicklung.

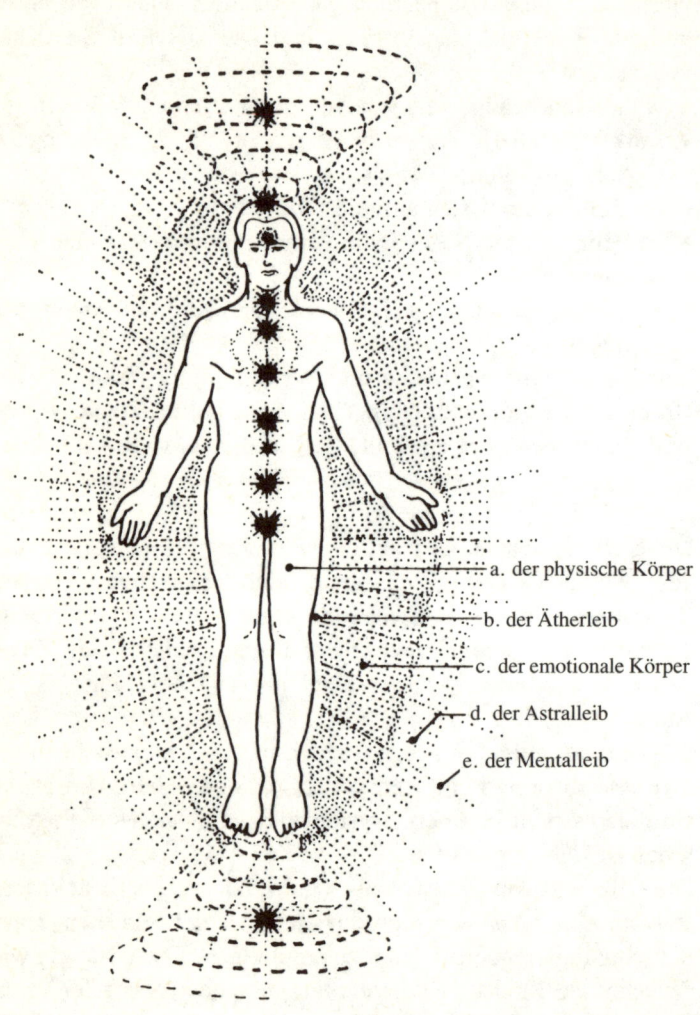

a. der physische Körper

b. der Ätherleib

c. der emotionale Körper

d. der Astralleib

e. der Mentalleib

11 Das Licht

Der Ätherleib ist, wie schon gesagt, wie ein Duplikat unseres physischen Körpers. Er besteht aus einem Netzwerk von elektromagnetischen Strömen: Licht, Wärme und Kraft. Strömungen von Energie. Dieses Energiefeld durchzieht und durchtränkt jede Zelle, jeden Teil unseres Körpers und strahlt sogar noch weit über den Körper hinaus. So bildet es eine Aura von Gesundheit und Kraft um uns herum.

Wenn wir nur vom kosmischen Auge aus atmeten!

Das Netzwerk, aus dem der Ätherleib besteht, gleicht röhrenförmigen Kanälen, die dünn wie Fäden sind. Im Yoga werden sie »Nadis« genannt. Sie sind mit dem Zentralnervensystem und dem vegetativen Nervensystem, das aus Sympathicus und Parasympathicus besteht, verbunden. Diese Kanäle der Nadis sind von den Eigenschaften der Energien abhängig, die sie über die Chakras oder Energiezentren in bestimmte Teile des Körpers leiten. Die Chakras befinden sich an der Oberfläche des Ätherleibes.

Der Ätherleib und der physische Körper bilden zusammen eine wichtige Einheit. Sie verbinden den physischen Körper mit den ihn umgebenden feinstofflichen Körpern: dem emotionalen, dem mentalen, dem intuitiven, dem spirituellen und dem monadischen Körper.

Die Einheit des physischen Körpers und des Ätherleibes bewirkt, daß unsere Sinne auf physischer Ebene funktionieren können. Der Mensch hat fünf Körper, fünf verschiedene Schichten sehr feiner Strahlungsfelder, Auras, und außerdem noch das achte und das neunte Chakra (siehe Abb. S. 70).

Jeder Mensch ist auf eigene Weise mit verschiedenen Teilen dieser fünf Körper verbunden und erlebt daher die Realität auch anders. Die sieben Bewußtseinsschichten und insbesondere der Ätherleib stehen unmittelbar mit unserem Chakra-System in Verbindung.

Das Wort »Chakra« stammt aus dem Sanskrit und bedeutet »sich drehendes Rad«. Entlang der Wirbelsäule liegen sieben große Chakras und werden als eine Reihe von Energierädern beschrieben. Sie liegen am ätherischen Gegenstück des physischen Rückgrates. Die Energie, die zwischen diesen Chakras strömt, verbindet sie zu einem einfachen System, in dem sie in einer ständigen Wechselbeziehung zueinander stehen. Der wirbelnde Energiestrom innerhalb jedes Chakras ist spiralförmig.

Die Energie, die durch die Chakras fließt, tut dies jeweils in einem unterschiedlichen Einfallswinkel, wodurch die einzelnen Chakras eine je andere Energiemanifestation erzeugen: positive und negative Energien. Komplementäre, d. h. einander ergänzende Kräfte, die stimulierend aufeinander wirken. Wenn die eine Seite des Chakra-Systems aufgeladen ist, strömt die Energie zur gegenüberliegenden Seite und bewegt sich so ständig zwischen den positiven und negativen Kanälen.

Jedes Chakra besitzt einen Punkt, in dem sich die positiven und negativen Energien kreuzen. Wenn genau in diesem Punkt ein Gleichgewicht zwischen den Energien entsteht, kommt es im Bewußtsein zur Ekstase. Die Intensität dieses ekstatischen Erlebens hängt vom Chakra ab, in dem dieses Gleichgewicht entstanden ist.

Um die Chakras in uns selbst wahrnehmen zu können, benötigen wir unser inneres Auge, unser inneres Licht. Licht, um uns fortwährend der Helligkeit in uns selbst bewußt zu werden. Das erste Licht, das wir als Strahlung erfahren, ist kein sichtbares Licht, trotzdem aber sehr real, ebenso wie Bewußtsein real ist.

Dieses Licht stammt von der Sonne und den Sternen, aus dem Weltraum. In Form von Wellen gelangt es aus dem All zu uns, bis es in die Atmosphäre und in die Ozonschichten der Erde eindringt. Dort beleuchtet diese Strahlung die Gase der Atmosphäre, die wir als strahlend blauen Himmel wahrnehmen.

Und dann ist da das innere Licht: in unserem Geist, in unserem Gehirn. Dieses Licht dringt aus der Atmosphäre direkt in unsere Augen, aktiviert die Nervenzellen und bringt die Lichtstrahlung in den Bereich unseres Gehirns. Wer diese Strahlung nicht sieht, fühlt sie doch. Es ist geistiges Licht, von unserem eigenen Bewußtsein erzeugt.

Das Licht, das von unserem Kern, unserem kosmischen Auge her ausstrahlt, entfaltet sich zum dunklen Unbewußten hin, dem alle Urtriebe entspringen. Es wird manchmal mit der dunklen Leere des Alls verglichen, weil es rein ist und nicht von Gedanken, Bildern und Emotionen beeinflußt wird. Es ist der Grund unseres Wesens, ebenso wie die Stille der Grund ist, aus dem alle Vibrationen und Geräusche entstehen. Der Grund des Bewußtseins ist wie ein Ozean, so still und transparent, daß jede Störung oder Vibration durch ihn oder in ihm Wellen entstehen läßt. Diese Wellen sind die Vibrationen des Weltalls um uns herum, Vibrationen von allem, was erschaffen ist: von Himmel, Sonnen, Sternen, Bergen, Kristallen und Gesteinen, Bäumen, Pflanzen, Tieren und Menschen. Jedes Ding, das wir wahrnehmen, dringt wie eine Störung, eine Schwingung in unseren Kern hinein.

Der Kern ist begrenzt insofern, als er das, was er tut, in sich selbst tut. Wenn der Kern Musik hört, erfährt er das Bewußtsein des Musikers, den Klang des Instruments und die Antwort darauf. Aber in uns selbst ist es, als hörten wir nur, ob wir etwas schön oder nicht schön finden. Dieses oberflächliche Zuhören, das sich auf das Äußere der Dinge richtet – ob es dabei nun um Musik oder gesprochene Worte geht oder um Vibrationen und Geräusche der Dinge in unserer Umgebung – geschieht mit der Schale des Kerns, und nicht vom Kern selbst her.

Der Kern ist unser inneres Ohr, das mit der geöffneten Haut von unserem kosmischen Auge her wahrnimmt. Sobald wir leer sind, nachdem wir uns gereinigt haben, horchen wir von unserem rechten Ohr aus bis zur Schwelle zwischen Gehörgang und Mundhöhle auf das Klopfen unseres Herzens. Wir sind nun nach innen hin so offen, daß wir uns von unserem Wesen, unserem Kern her mit unserem Herzen verbinden. Es wird ganz still und subtil in uns.

Wenn wir Licht von außen durch die Poren unserer Haut empfangen, nehmen wir intensiv vibrierende Energie in uns auf. In allem, was geschaffen ist, gibt es eine Anziehungskraft vom Kern her, kosmisches Licht zu absorbieren. Auch in unserem Bewußtsein.

Wir fühlen diese intensiv vibrierenden Energien nicht bewußt. Im allgemeinen weiß man nicht, daß sie die Quelle unseres Bewußtseins sind. Wir erfahren dieses strahlende kosmische Licht nicht bewußt. Es unterscheidet sich nicht von unserem eigenen inneren Licht, da es aus der gleichen Substanz besteht. Wenn unser inneres Licht durch unsere nach innen gerichtete Aufmerksamkeit, durch Üben und Meditation so intensiv ist, werden wir von unserem kosmischen Auge aus sowohl zur Erde, zu unserem neunten Chakra, geöffnet, als auch zum Himmel, unserem achten Chakra hin. Wenn wir zwischen Erde und Himmel transformiert sind, ist dies deutlich wahrnehmbar. In diesem Augenblick erkennen wir, daß es keinen Unterschied zwischen dem eigenen inneren Licht und der Strahlung des kosmischen Lichts der Sonne und der Sterne gibt, die ewig ist. Bewußtsein und Kosmos sind eins geworden. Wir fühlen uns befreit. Die Grenzen sind durchbrochen.

Wenn wir von unserem kosmischen Auge aus atmen, öffnet sich der Körper zwischen den Fußsohlen und dem Scheitel, die Haut ist keine Grenze mehr, alle Poren sind geöffnet. Wir atmen mit dem kosmischen Atem mit. Im Einatmen atme ich Gottes Ausatem ein, im Ausatmen lasse ich Gottes Einatem durch mich hindurchgehen.

Wir schließen unsere Augen. Was sehen wir nun? Wenn wir sagen: »Ich sehe nichts«, irren wir. Wir können sehr gut sehen, aber das Dunkle in uns schließt uns so sehr ein, daß es uns daran hindert, unser inneres Licht wahrzunehmen. Wir müssen uns durch unser Dunkles erst hindurchkämpfen, bevor wir das innere Licht wahrnehmen können. Um den Schatten in uns aufzuspüren, müssen wir uns zuerst in uns selbst umsehen.

Dieser Schatten ist immer mit unserem Charakter, unserer Eigenart, mit dem kleinen Ich und mit dem Bösen verbunden. Unser geistiger Kampf hat uns die Form oder die Formen, in denen sich uns das Dunkle zeigt, schon zu erkennen gelehrt, so daß wir daran arbeiten und es zu Licht umwandeln können.

Wir lernen, uns vom Bösen abzuwenden, und wir lernen eine andere Dimension in uns selbst kennen. Keine negative, sondern eine transzendente. Denn durch unser kosmisches Auge, die Quelle in uns, und durch das Licht, das von dort ausstrahlt, sind wir persönlich mit Gott verbunden.

Mit diesem Licht kommen Heilung und Vitalität in den physischen Körper. Viele Menschen leiden unter einem Mangel an dieser Strahlung und wissen nicht, daß wir, wenn wir bewußt einatmen, diese Strahlung ebenso einatmen wie Sauerstoff.

Würde jeder Mensch auf dieser Erde bewußt vom kosmischen Auge aus einatmen und durch es hindurch zur Erde hin ausatmen, so gäbe es keine Kriege mehr. Wir lebten in Harmonie und Ruhe, in Liebe zu allem, was ist. Wir würden die Farben und Töne des Weltalls kennenlernen. Darum muß zuerst in jedem von uns das Christuskind geboren werden, so daß Liebe, Weisheit und Verständnis von unserem Herzen zu den Herzen unserer Mitmenschen strömen.

Indem wir vom kosmischen Auge, unserer Quelle, aus atmen, stellen wir die Schwingungsfrequenz auf eine höhere Bewußtseinsebene ein. Wenn wir beharrlich üben, insbesondere den ganzen Tag über das Atmen von unserer Quelle aus, und wenn wir allem, was wir tun, bewußt unsere Aufmerksamkeit zuwenden, bekommen wir Hilfe vom Himmel.

12 Die Chakras

Die Chakras sind für unseren Körper von vitaler Bedeutung, sie geben ihm Kraft. Die heilenden Energien werden zu den kranken Körperteilen geleitet und bringen diese wieder ins Gleichgewicht, in Harmonie. Jedes Chakra besteht aus drei konzentrischen Rädern von Energie. Wir können diese Energie selbst verstärken:

1. durch unser Atmen vom kosmischen Auge aus,
2. durch Konzentration,
3. indem wir mit unserem inneren Auge Licht hinein- und hindurchstrahlen,
4. indem wir zwischen Haut und Körper Raum visualisieren,
5. indem wir zugleich von unserem kosmischen Auge und vom vergrößerten rechten Auge her strahlen.

Jedes Chakra hat seine eigene Farbe, seinen eigenen Ton, seine eigene Geste, seine eigene Zeituhr.

Wir nehmen ruhig und still in uns wahr, wie wir den Bereich, den ein Chakra unter seiner Obhut hat, von Spannung reinigen. Ein Chakra muß vierdimensional werden und in der Lage sein, Energie zu empfangen und durch den Körper zu transportieren. Das ist seine Aufgabe. Diese Energien können aus allen möglichen Quellen entstehen: aus physischen, emotionalen und geistigen Welten, aus dem Kosmischen, aus dem kollektiven Unbewußten eines Volkes, ja sogar aus dem der gesamten Menschheit. Sie haben Einfluß auf das menschliche Bewußtsein, aktivieren es und bestimmen seine Stimmungen und Eigenarten.

Ich wiederhole noch einmal die Hauptfunktionen der Chakras:

1. sie verleihen dem Körper Vitalität,
2. sie entwickeln unser Bewußtsein,
3. sie leiten geistige, heilende Energien durch den Körper (siehe Kapitel 8).

Durch Üben und Reinigen in der Meditation atmet unser Körper immer mehr mit dem Kosmos mit, auch weil die Haut geöffnet ist. Die Chakras sind ebenfalls geöffnet.

Übung

Wir richten unsere Aufmerksamkeit auf einen fixen blauen Punkt auf einer weißen Fläche, in einem Abstand von ungefähr 50 cm. Ohne mit den Augen zu zwinkern, mit festem Blick.
Nach einer Weile sehen wir, daß der Punkt ausgefranst ist. Noch etwas später nehmen wir, mit unseren drei Augen, den ausgefransten Punkt strahlend und farbig wahr. Manchmal sogar in mehreren Farben.
Und nun etwas Merkwürdiges: Unser Geist spielt uns hier einen Streich, denn wir sehen die Farben nicht mit unseren Augen, sondern mit unserem Geist. Unsere Psyche läßt in unserem Gehirn die Farbe entstehen – durch die Vibration des Bewußtseins in uns, unseres Kerns, unseres inneren Lichts. Und das innere Licht erzeugt nicht nur die Farbe, sondern auch die Komplementärfarbe, die wir um den Rand des Punktes herum wahrnehmen, wo keine Farbe ist.
Das Aufnehmen von Licht durch den Ätherleib und dessen fortwährende Strahlung durch die geistigen, also auch heilenden Energien der Aura erscheint uns kompliziert, solange wir mit unseren irdischen Ohren und mit verschlossener Haut hören. Wenn wir aber mit unseren inneren Ohren offen horchen und innere Augen benutzen, um es schauen zu können, sowie die geöffnete Haut, so daß wir verfeinert fühlen und wahrnehmen, dann ist es klar und unendlich groß. Uns erfüllt tiefe Ehrfurcht für den Schöpfer und die Schöpfung, von der auch wir ein Teil sind.

Stellen wir uns jetzt einmal vor, daß bei jemandem nur *ein* Chakra, und zwar eines der geistigen Chakras, geöffnet ist, zum Beispiel das Kehl-Chakra mit der Farbe Himmelblau. Die übrigen Chakras sind zwar offen, strahlen aber, bedingt durch

Trägheit oder Faulheit oder durch Unkenntnis des Betreffenden, nicht aus. Ein solcher Zustand entsteht, wenn wir uns an die Vergangenheit klammern und nicht loslassen können oder wollen. Oder wir wagen es nicht, an eine bessere Zukunft zu glauben, oder können nicht im Jetzt, im gegenwärtigen Augenblick, leben. Oder aber unser Herz-Chakra ist nicht geöffnet und wir kennen seine Bedeutung nicht.

Das Kehl-Chakra ist direkt mit dem Basis-Chakra am unteren Ende der Wirbelsäule verbunden. Über das Basis-Chakra spreche ich selten separat, da es ein Teil des heiligen Dreiecks ist und hilft, dessen Strahlung zu verstärken; es muß geöffnet sein, bevor sich die übrigen Chakras öffnen können. Das Kehl-Chakra ist außerdem direkt mit der Milz verbunden, die unsere ständige Besorgtheit und unser Verhältnis zu Gott und zu den Menschen um uns herum spiegelt.

Übung

Wir nehmen ein Meditationsbänkchen oder einen Stuhl. Wir setzen uns auf unsere Sitzknochen, das Steißbein ist frei. Den Akzent des Sitzens verlagern wir jetzt auf die Vorderseiten unserer Sitzknochen und erfahren so das Durchstrahlen durch unsere Beine und Füße.

Mit Hilfe des letzten Steißbeinwirbels und der beiden Sitzknochen verwurzeln wir uns jetzt in die Sitzfläche unseres Bänkchens oder Stuhls. Wir folgen der Verwurzelung von ihrem Ausgangspunkt aus und erfahren, wie sich ein Kissen von Kraft bildet:

- in und unter unserer Sitzfläche,
- in und über unserem Kopf,
- in und über unseren Handrücken,
- in und über dem Spann unserer Füße.

Den Spannungen, die dann, wo auch immer, noch bestehen, geben wir Raum zwischen unserer Haut und der betreffenden Stelle, und wir durchstrahlen sie mit innerem Licht, so daß sich der gesamte Bereich öffnet. Diesem Prozeß folgen wir mit dem vergrößerten rechten Auge (rechtes Auge – Nasenwurzel – linkes Auge).

Jetzt strahlen wir mit himmelblauem Licht in den Raum zwischen dem sechsten und dem siebenten Nackenwirbel und zwischen dem siebenten Nackenwirbel und dem ersten Brustwirbel. Unsere Augen sind geschlossen. Wir strahlen durch die Haut des Nackens, durch die drei Wirbel nach vorn durch die Kehle und durch die Haut davor hindurch, bis wir spüren, daß es dort rein und leer geworden ist und ausstrahlt.

Nun strahlen wir von vorn durch die Halskuhle nach hinten mit dem gleichen Himmelblau.

Unsere Kehle fühlt sich weit geöffnet und sehr entspannt an. Sie strahlt rundherum blaues Licht aus. Das gesamte Gebiet des inneren Ohres strahlt mit:

- der Mund und der Kehlraum,
- die Gehörgänge unserer irdischen Ohren,
- die »Radarfelder« hinter unseren Ohrmuscheln,
- die Medulla (unser Pranator),
- eigentlich unser gesamter Hinterkopf und auch der Scheitel mit der Hypophyse und dem Punkt der Weisheit,

und noch immer breitet sich diese Strahlung aus.

Dieses weite Ausstrahlen ist nur bei getreuem Üben möglich, so daß wir gereinigt von unserem Kern aus leben, von unserem kosmischen Auge aus, in einer persönlichen Beziehung zu Gott.

Mit einem mystischen Herzen, von dem die Christuskräfte zum anderen hin strahlen, und mit dem uns durchströmenden Heiligen Geist sind wir Instrument, dankbar, demütig.

Wenn wir fühlen, daß sich mehrere Chakras geöffnet haben, und wir spüren, daß durch unsere Verwurzelung in der Erde das Basis-Chakra warm und weit ausstrahlt, erfahren wir deutlich die Verbindungen:

- Basis-Chakra – Kehle
- Basis-Chakra – Milz – Kehle
- Basis-Chakra – Milz – Kehle – die inneren Augen in unserer Stirn (Nasenwurzel – drittes Auge – heilendes Auge).

Nehmen Sie das Durchströmen der Energien durch den Körper wahr. Spüren Sie Ihre großen Zehen.

Jetzt gehen wir in das Herz-Chakra hinein, das Chakra des mystischen Herzens, an dem wir schon in Verbindung mit den übrigen Chakras gearbeitet haben (siehe Kapitel 6 und 7).
Gesetzt den Fall, das Herz-Chakra funktioniert nicht so, wie es sollte, sondern strahlt, bedingt durch Eifersucht und Begierde, schmutziggrün aus (denken Sie nur an die Lektion des Ptah-Kefer in »Winged Pharao«) statt Harmonie, Liebe, Weisheit und Verständnis. Dieses Schmutziggrün des Herz-Chakras stört dann das reine himmelblaue Feld des Kehl-Chakras. Es wird elektrisch blitzblau oder blau, vermischt mit Grün oder mit Rot. Auch wenn wir dies nicht selbst sehen können, nehmen wir einfühlend in uns wahr, ob es rein und durchstrahlt ist oder ob sich dort Blockaden befinden. Auch unser Wahrnehmungsvermögen wird immer feiner.
Wir kehren zum Basis-Chakra zurück und meditieren. Wir kehren in uns selbst ein: Was hemmt mich? Wo verschließe ich mich? Schließlich wissen wir ganz genau, warum noch dunkle Flecken in uns sind. Wir haben Angst vor dem, was wir dort finden werden. Und jetzt dreht sich alles darum, ob wir den Weg wirklich gehen wollen – wahrhaftig, mit Mut und Vertrauen und mit gläubiger Geduld. Auf diese Drei kommen wir immer wieder zurück.

Ein ständiger Wechsel findet statt zwischen introvert und extravert, zwischen sich nach innen und nach außen richten, zwischen: »Ich will mich reinigen und weitergehen« und »Nein, ich will nicht, ich wage es nicht, in mein Dunkel einzudringen.« Bei letzterem projizieren wir dann unser Dunkel auf den anderen, meistens die Beziehung, die uns am nächsten ist, oder wir schieben unserer Umgebung, *den* anderen, die Schuld zu. Hier stört das grüne Herz-Chakra das blaue Kehl-Chakra.
Ein Mensch, dessen blaues Kehl-Chakra rein ausstrahlt, ist ein Mensch mit Idealen. Durch ein schmutziggrünes Herz-Chakra

zeigt er, daß er nicht genug Wärme, Weisheit und Verständnis für andere besitzt.

Wenn aber das rote Basis-Chakra in Verbindung mit der Milz und dem Kehl-Chakra offen ist, dann befindet sich dieser Mensch auf dem inneren Weg.

Durch unser Atmen vom kosmischen Auge her, der Quelle in uns, können wir mit Hilfe des heiligen Dreiecks das Basis-Chakra von einem Zentrum der Sexualität in ein Zentrum heilender Kraft transformieren.

Jedesmal wenn wir in einen physischen Körper reinkarnieren, haben wir mit dem Basis-Chakra zu tun. Es gibt Menschen, die im normalen Bewußtseinszustand Sklave ihrer körperlichen Bedürfnisse sind, ob es sich dabei nun um das Bedürfnis zu essen und zu trinken, um sexuelle Bedürfnisse oder um den Willen zum Überleben handelt. All dies wird vom Basis-Chakra beherrscht. Um das Basis-Chakra beherrschen zu lernen, müssen wir diese Instinkte in uns kennen und damit arbeiten wollen, damit wir sie transformieren können. Wir können, um unsere Sexualität zu beherrschen, zölibatär, als Junggesellen leben. Damit überwinden wir aber die Kraft des Basis-Chakras nicht, sondern unterdrücken nur unser sexuelles Verlangen.

Durch Unterdrückung erzeugt man Druck und Gegendruck, Widerstand. Druck und Gegendruck gehören ebenso zusammen wie positiv und negativ, hell und dunkel. Das eine kann nicht ohne das andere existieren. Wir unterdrücken dann fortwährend diese Energien in uns, weil wir uns eine Grenze setzen. Dies tun wir vor allem mit sexuellen Energien, weil die Gesellschaft uns gelehrt hat, daß es sündhaft und schlecht ist, ein solches Verlangen zu haben.

Um unser sexuelles Verlangen in den Griff zu bekommen, dürfen wir es nicht verdrängen, sondern müssen lernen, es zu beherrschen, um nicht von ihm beherrscht zu werden, so daß wir es erfahren können, wenn wir selbst es bewußt wünschen, als Krönung eines tieferen Verstehens zwischen zwei Menschen.

Unser Einatmen von unserem kosmischen Auge aus und das

Ausatmen dort hindurch über die Vorderseiten der Sitzknochen, durch unsere Beine und Füße zum neunten Chakra hin, 40 cm unter unseren Fußsohlen, sind dabei eine große Hilfe. So lernen wir, selbst zu entscheiden, ob wir diese strahlende Kraft in der Sexualität gebrauchen oder ob wir sie im Heilen an andere weitergeben wollen. Von der kleinen Pyramide in unserer Bekkenschale, vom kosmischen Auge und heiligen Dreieck zusammen, strahlt die sexuelle Kraft, die von Sakral- und Basis-Chakra kontrolliert wird, als heilende Strahlung über die Hände, die Augen, die gesamte Person zum anderen hin. So ist die ganze Pyramide mit dem kosmischen Auge an der Spitze im Kreuzbein (Sakrum), mit dem heiligen Dreieck, in dem das sakrale, das heilige Chakra liegt, ein ganz und gar heiliger, sakraler Ort in uns.

Den Instinkt zum Überleben können wir nur schwer unter Kontrolle bringen. Es gibt nicht viele Menschen, die sich nach dem Tode sehnen. Zwar reden wir manchmal davon, aber wenige Menschen sehnen sich wirklich danach, zu sterben. Der Selbstmordgedanke wird meistens aus der Not geboren – ein Hilferuf, ein Ruf nach Aufmerksamkeit. Manchmal ist es auch Bosheit, wenn ein Mensch einen anderen auf diese Weise strafen will. Oder der Betreffende hat eine aussichtslose Perspektive, ist einsam und erschöpft und will wirklich nicht mehr weiterleben.

In einem solchen Augenblick vergessen wir, daß wir unseren Auftrag, den wir bei unserer Geburt mitbekommen haben, nicht erfüllen, oder wir sind uns seiner nicht mehr bewußt. Tief innen weiß jeder Mensch um seinen Auftrag, oft ist es uns aber zu schwer, zu mühsam, und deshalb verdrängen oder vergessen wir, was von uns gefordert wird.

Wenn wir lernen, von der Tiefe unserer Beckenschale her zu leben, werden wir mit unserem Dunkel konfrontiert und können nicht mehr anders, als mitten hindurchzugehen, es uns anzuschauen und auszuhalten, bis es sich auflöst oder von uns genommen wird. Immer aber hilft uns der Ausatem, der das Dunkle mit sich nimmt, aus den Füßen hinaus zur Erde. Und durch die offenen Poren der Haut, durch die wir auch abgeben und Raum schaffen, um neu empfangen zu dürfen.

Dieser Erneuerungsprozeß ist eine Gnade.

Öffnungsfunktionen der Chakras

1. Der *Atlas:* öffnet das heilende Auge, den Punkt der Weisheit mitten auf dem Scheitel, danach die Krone, die über den Gehirnstamm mit dem Kleinhirn verbunden ist.

2. Der *dritte Nackenwirbel* öffnet: Schilddrüse, Kehlkopf, Mundhöhle, Nase und Ohren.

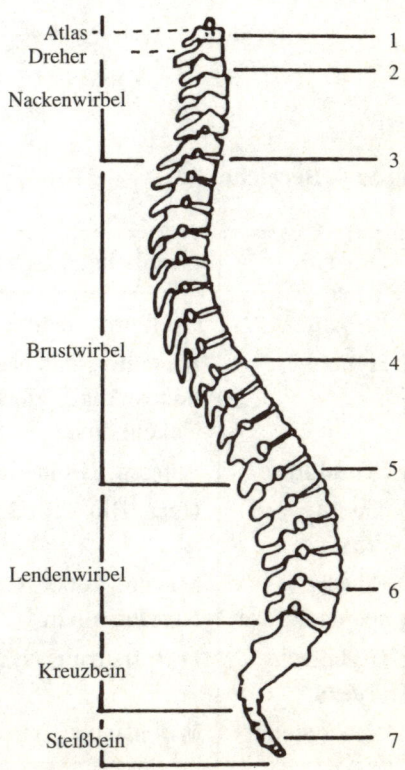

3. Die *Bandscheibe zwischen siebentem Halswirbel und erstem Brustwirbel,* beides Yangkanäle, öffnet: Herz und Thymus.

4. Die *Bandscheibe zwischen dem achten und neunten Brustwirbel:* Zum neunten Wirbel nehme ich auch den zehnten hinzu, weil beide mit der Leber verbunden sind, und außerdem den achten, weil er ein Yang-Kanal ist und die Sonnenenergie hier öffnend und heilend wirkt. Hier öffnen sich Nebennieren und Bauchspeicheldrüse.

5. Der *erste Lendenwirbel* öffnet das Milz-Chakra.

6. Die *Bandscheibe zwischen viertem und fünftem Lendenwirbel* öffnet: den Unterbauch und die Geschlechtsorgane.

7. Von der *Mitte des Kreuzbeins* öffnen wir das Sakral-Chakra und das Rektum.

Chakras – Drüsen – Bereiche

Chakras	Drüsen	jeweils beherrschter Bereich
Krone	Zirbeldrüse	Großhirn, rechtes Auge
Drittes Auge	Hypophyse	Kleinhirn, das Nervensystem, linkes Auge, Ohren, Nase, Nebenhöhlen
Kehle	Schilddrüse	Lungen, Bronchien
Herz	Thymus-drüse	Herz, Blut, Blutkreislauf
Solar Plexus	Bauch-speicheldrüse	Magen, Leber, Gallenblase, Nervensystem
Sakrales	Geschlechts-drüsen	Fortpflanzungssystem
Basis	Nebennieren	Wirbelsäule, Nieren

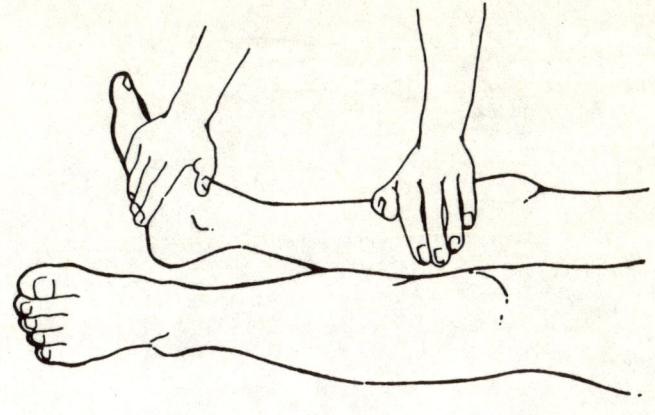

1. rechte Hand – rechter Fuß
   linke Hand – rechtes Knie

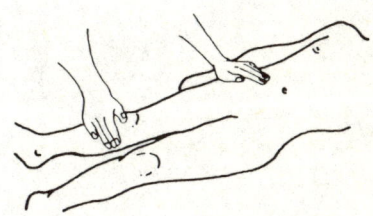

2. rechte Hand – rechtes Knie
   linke Hand – rechte Hüfte

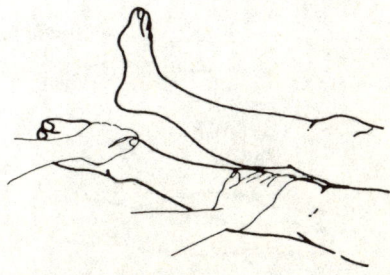

3. linke Hand – linker Fuß
   rechte Hand – linkes Knie

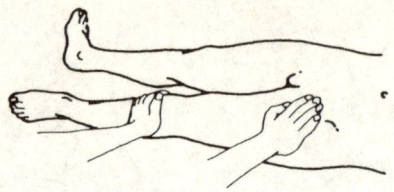

4. linke Hand – linkes Knie
   rechte Hand – linke Hüfte

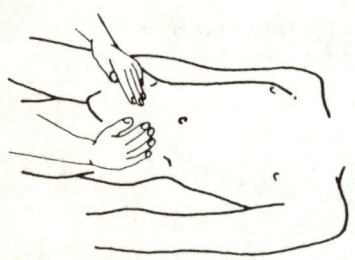

5. rechte Hand – linke Hüfte
   linke Hand – rechte Hüfte

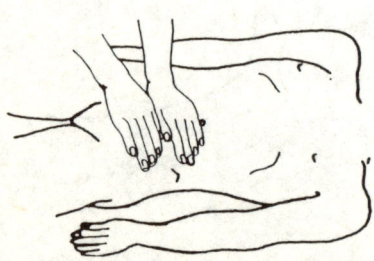

6. rechte Hand über Schamgegend und kosmisches Auge
   linke Hand – genau darüber neben die rechte Hand

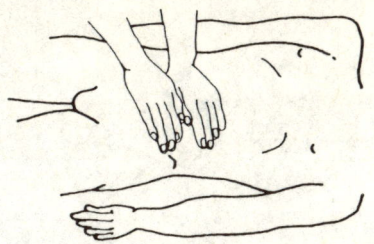

7. rechte Hand – Beckenschale
   linke Hand – über dem Nabel

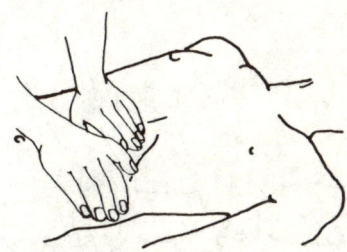

8. rechte Hand – Milz
   linke Hand – Solar Plexus

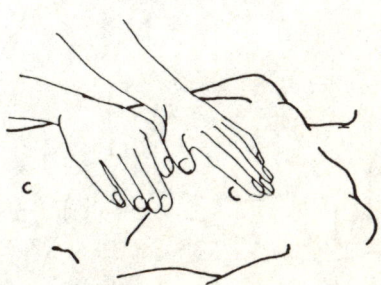

9. rechte Hand – Solar Plexus
   linke Hand – Herz

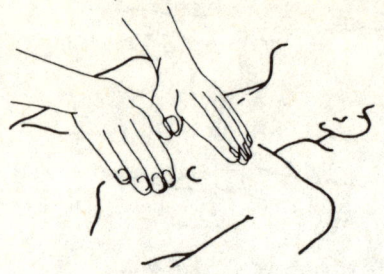

10. rechte Hand – mystisches Herz
    linke Hand – Thymus

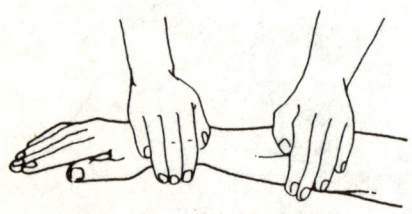

11. rechte Hand – rechtes Handgelenk
    linke Hand – rechter Ellbogen

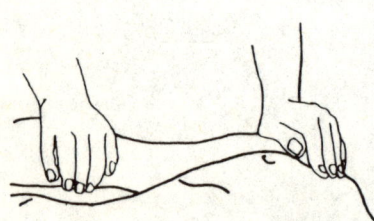

12. rechte Hand – rechter Ellbogen
    linke Hand – rechte Schulter

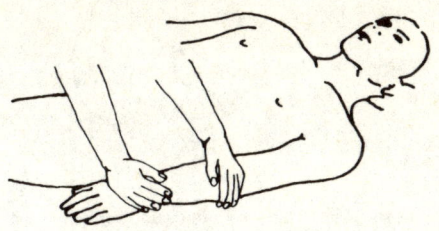

13. rechte Hand – linkes Handgelenk
    linke Hand – linker Ellbogen

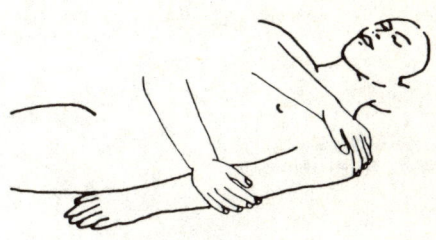

14. rechte Hand – linker Ellbogen
    linke Hand – linke Schulter

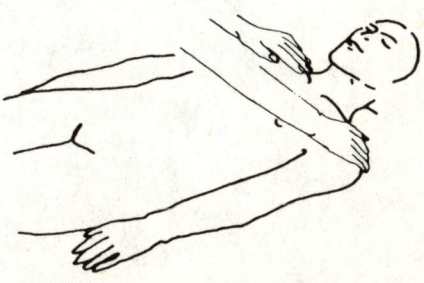

15. rechte Hand – linke Schulter
    linke Hand – rechte Schulter

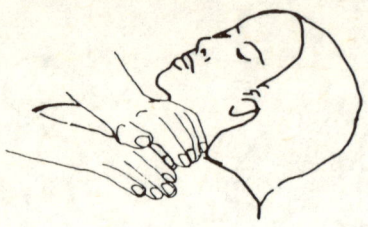

16. rechte Hand – Thymus und Schlüsselbein
    linke Hand – Kehle

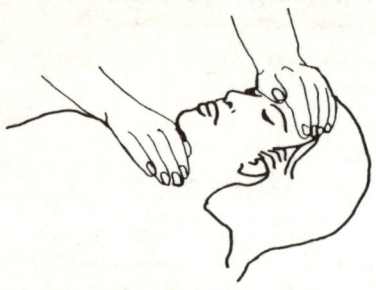

17. rechte Hand – Kehle
    linke Hand – Stirn

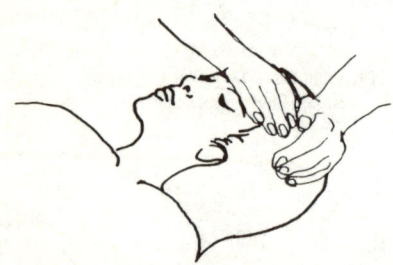

18. rechte Hand – Stirn
    linke Hand – Kronen-Chakra (Scheitel)

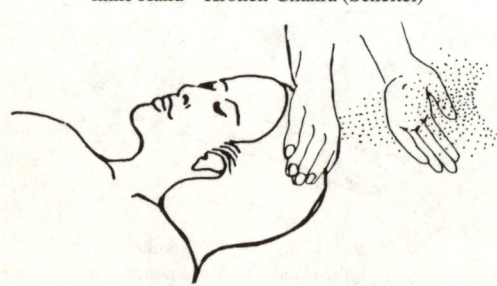

19. rechte Hand – Scheitel
    linke Hand – zum achten Chakra

13 Der innere Weg

Bevor ich weiter und tiefer auf diese Chakras und alles damit in Zusammenhang Stehende eingehe, möchte ich noch einmal darauf drängen, sehr ehrfurchtsvoll und bescheiden mit dem hier Behandelten umzugehen. Der Weg, den wir beschreiten, ist heilig. Es ist ein Weg von Körper, Seele und Geist, der den ganzen Menschen betrifft und alles, was zu ihm gehört. Auch sein Schicksal. Dieser Weg gehorcht strengen, höheren Gesetzen, die auch in unserem täglichen Leben gültig sind, im äußeren Leben und bis ins Kleinste hinein. Dies gilt ebenso für unser Verhältnis zu unserer Umwelt, zu den Menschen, die zu uns gehören und für die wir Verantwortung tragen.

Alles bis ins Kleinste muß mittransformiert, auf eine heilende, ganzmachende, höhere Ebene gehoben werden, wo Ordnung, Selbstdisziplin, Reinheit und tiefes Mitfühlen bestimmend sind. Dafür müssen wir Wünsche, Ehrgeiz, das Verwöhnen des kleinen Ichs, das Ego opfern, wenn wir als ganzer Mensch transparent zum Instrument der kosmischen Gesetze und von Gottes Plan werden wollen. Dies muß so stark in uns leben, daß wir selbst fühlen, daß wir unser Leben bis ins Kleinste verändern müssen und die Strenge, die Härte und Konsequenzen dieses Weges akzeptieren. Innen und Außen müssen eine untrennbare, ganze, reine Einheit sein. Selbst die kleinsten Dinge müssen mit Liebe und Verantwortlichkeit ausgeführt werden. Nur so können wir uns vom arimanischen Dunkel befreien. Nur so dürfen wir erfahren, daß unser Körper durch inneres Reinigen und Ganzwerden Licht in sich empfangen kann.

Goethe schrieb, daß das Auge vom Licht, aus Licht geformt ist, um Licht empfangen zu können, damit sich das innere Licht mit dem Licht außerhalb von uns verbinde. Dies ist nur möglich durch das Atmen vom kosmischen Auge her, das den Körper mit verfeinerten Sinnen funktionieren läßt, und durch Gebrauch des vergrößerten rechten Auges, durch den er von Sonnenenergie durchflutet wird. Goethe, alte mystische Quellen aufnehmend, drückt dies so aus:

> Wär' nicht das Auge sonnenhaft,
> Die Sonne könnt' es nie erblicken;
> Läg' nicht in uns des Gottes eigene Kraft,
> Wie könnt' uns Göttliches entzücken?

Schon in den alten mystischen Schulen wurde gelehrt, daß man einander an den gleichen Ausstrahlungen, der gleichen Aura und nicht an Worten erkennt.

Im Schweigen und Leben aus der tiefen Stille in unserer Beckenschale liegt die tiefste heilende Verbindung zwischen zwei oder mehreren Menschen. Das Auge spiegelt nicht passiv die Welt außerhalb von uns wider. Das Wahrnehmen von Farben, farbigem Licht in uns, ist mit dem ganzen Menschen, mit seinem Lichtkern, verbunden. Es ist eine Aktion und Reaktion der Seele selbst und verleiht eine spirituelle Energie, die aus den Augen strahlt. Dafür müssen wir uns allerdings im Zustand der Harmonie befinden. Die Farben, die wir in anderen wahrnehmen, wirken nicht wie etwas Fremdes auf unsere Augen, nicht wie etwas, das von außen in uns eindringt. Diese Farben entstehen durch ein Zusammenwirken des linken und rechten Auges mit den inneren Augen, dem inneren Licht in uns, das daraufhin seine eigenen Farben erzeugt. In seiner Farbenlehre zeigt Goethe, wie jede Farbe einen bestimmten Effekt auf den menschlichen Körper hat und durch diese spezielle Wirkung seine wesentliche Natur enthüllt – sowohl dem Auge als auch der Seele. Farben haben auch eine mystische Bedeutung. Für jemanden, dessen Sinne nicht verschärft sind, ist zum Beispiel Malen eine Möglichkeit, Farben als Sprache zu benutzen. Auf diese Weise gibt er archetypische Zustände wieder, die entweder über visuelle Wahrnehmung oder über sein Wesen in sein Bewußtsein dringen. Farbe ist die Sprache unserer Seele.

Wenn wir uns reinigen und innerlich Gott suchen, strahlt Licht in uns; es strahlt aus unseren Augen, aus unserem Gesicht, durch die Haut hindurch. Gott sucht auch uns in Seinem Licht. Wenn Sein Licht und das unsere zusammenfließen, erfahren wir Extase, Samadhi.

14 Der gespaltene Körper

Langsam aber sicher dringen wir immer tiefer in das System von Körper, Seele und Geist ein. Eine Welt voller Wunder öffnet sich uns. Bis jetzt hat noch niemand den gesamten Komplex, alle Möglichkeiten, die in einem Menschen vorhanden sind, offenlegen können. Wir wissen, daß wir tief durch das Leiden und das Akzeptieren des Leidens hindurch empfindlicher für unseren Organismus und seine Möglichkeiten werden. Durch bewußtes Üben nehmen wir immer deutlicher wahr, wie gespalten, wie zerrissen wir in unserem Körper leben.

Stellen wir uns einmal nackt vor den Spiegel. Wir sehen dann ganz klar, wie sich in Form und Haltung unseres physischen Körpers der darin lebende psychische Körper widerspiegelt. Wir sollten nun nicht sogleich eine Abneigung gegen uns selbst entwickeln und uns verurteilen, sondern uns in Ruhe jeden Körperteil für sich anschauen und zu fühlen versuchen, wie zum Beispiel der Unterschied zwischen unserer linken und rechten Körperhälfte entstanden ist.

Lassen Sie Grübeleien wie »Ich muß strenger Diät halten« oder »Ich muß jeden Tag eine Stunde spazieren gehen oder Übungen machen.«

Schauen Sie sich ruhig an, wie der Kopf auf Ihrem Körper ruht. Bildet er eine Einheit oder besteht eine Grenze vom Nacken zur Vorderseite des Halses, die als Spannung ausstrahlt?

Wie sieht der Körper aus? Wie eine Einheit?

Oder verläuft eine Spannungslinie zwischen der oberen Körperhälfte, wo wir denken, sprechen, hören und sehen, uns ausdrücken und mit anderen kommunizieren, wo wir mit unseren Händen greifen, streicheln, schlagen usw., uns zum Himmel hin öffnen,

und der unteren Körperhälfte mit unserer Beckenschale, von wo aus wir mit der Erde verbunden und dadurch im Gleichgewicht sind, von wo aus wir uns bewegen und stillstehen, uns loslassen und ruhen können? Dies ist auch der Raum, in dem Emotionen zu Gefühlen werden, in dem wir stabil sind.

Wenn wir uns wirklich in unsere untere Körperhälfte loslassen, fühlen wir uns in uns selbst zu Hause und strahlen Zufriedenheit, Freude und Wärme aus.

Die obere Körperhälfte bezieht sich auf das, was mit Tun, mit Streben nach etwas, mit Tatkraft, Kommunikation mit anderen, mit sozialem Gefühl in Verbindung steht. Wenn bei uns der Akzent mehr in der oberen als in der unteren Hälfte liegt, sind wir stärker nach innen gerichtet, eher introvertiert als extravertiert, eher emotional als tief fühlend.

Menschen, bei denen der Akzent auf der oberen Körperhälfte liegt, haben oft einen breiten Brustkorb, dünne Beine und ein zusammengezogenes Gesäß mit Spannungen in den Grübchen. Ihre Kraft nach außen hin zeigen sie mit ihrem breiten Brustkorb, ihren breiten Schultern und einem breiten Rücken, mit der Haltung ihres Kopfes und Kinns. Ihnen fehlt das gesellige, ruhige Genießen des Müßiggangs, mit dem man zum Beispiel in ein Kaminfeuer schaut, und das wir bei dem finden, der in der unteren Körperhälfte ruht und wohnt.

Umgekehrt kann jemand, der in der unteren Hälfte seines Körpers stärker entwickelt ist, oberhalb der Taille schmal gebaut sein.

Auch im Charakter zeigt sich ein Unterschied. Wer seinen Schwerpunkt in der Tiefe seines Beckens hat, ist offener und freundlicher anderen gegenüber. Aber Menschen mit kräftigen und aktiven Beinen leiden oft aufgrund von Spannungen unter Beschwerden an der Wirbelsäule oder im Unterleib, zum Beispiel in den Geschlechtsorganen, oder sie haben Krampfadern, Spreizfüße oder Verstauchungen.

Dagegen leiden jene, die aus der oberen Körperhälfte heraus leben, eher an Streß, Überspanntheit, Magen- und Herzbeschwerden.

Wir sehen, daß wir selbst unser Körperbewußtsein schaffen, um unser Leben und den Lebensstil, die Arbeit, die wir wählten sowie unser Selbst zu spiegeln, sowohl physisch wie auch psychisch.

Wir werden uns auch immer mehr der Beziehung zwischen vorn und hinten bewußt. Je mehr die Chakras mit ihren Energiefeldern Wirklichkeit für uns werden, um so wichtiger werden vorn und hinten für uns.

Unsere Vorderseite kennen wir am besten. Diese Seite hat mit unserem kleinen Ich zu tun, mit unserem nach außen gerichteten Ich, für das wir Kleider kaufen und das wir versorgen müssen. Mit unserer Vorderseite sind wir am stärksten verbunden. Der Vorderseite sind wir uns am stärksten bewußt. Alles, was emotional geladen ist, spiegelt sich dort wider: Lachen und Traurigsein, unsere Sorgen, unser Verliebtsein, unser Begehren und Wünschen, Verlangen, Wärme und Herzlichkeit, Liebe.

Unsere Rückseite spiegelt unser Dunkel, das Negative in uns, mit dem wir selbst nichts zu tun haben wollen, von dem aber auch andere nichts wissen dürfen. Dieses ganze Dunkel liegt entlang der Wirbelsäule, im Schulterblattbereich und vor allem auch in den Rückseiten unserer Beine. Es erfordert viel Zeit, viel inneres Umgehen mit diesem Dunkel, um es loslassen zu können. Es tut weh, diese Blockaden loszulasssen, um so Durchströmung zu ermöglichen. Diese Blockaden, Verhärtungen und Stauungen spiegeln den Zustand unseres Inneren. Immer warten wir darauf, daß sie wie durch einen Zauberstab weggenommen werden, aber so geht das nun mal nicht.

Wenn wir in einem Vortrag oder in einem Konzert die Rücken der vor uns Sitzenden anschauen, beobachten wir folgendes: Ohne daß wir jemanden kennen oder etwas über seine Lebensumstände wissen, können wir deutlich Wut, Angst, Aggression, Mutlosigkeit, tiefe Müdigkeit usw. ablesen.

Wer dies beobachtet, versteht, daß das Gleichgewicht zwischen Vorder- und Rückseite gestört ist. Die Vorderseite ist dann meistens schwach und sehr verletzbar, die Rückseite dagegen voll von angestauter Kraft und Emotion. Es kann sehr irreführend sein, wenn man jemanden auf seiner Vorderseite so weich und fast verlegen und empfindlich sieht und wenn sich dann im Gespräch die Wut und Aggressivität in seiner Rückseite lösen und plötzlich ein völlig anderer Mensch vor uns steht. Immer wieder ist es ein Wunder, mit anzusehen, wie die ganze geballte Boshaftigkeit freigesetzt wird, wie die zusammenge-krampften Rückenmuskeln weich werden und wie sich der Brust-korb öffnet, breiter wird und so innen Raum entsteht.

Auch auf die Spaltung zwischen Kopf und Körper werden wir jetzt tiefer eingehen. Nachdem der Oberkörper nun freier und offener ist, wird die Abfuhr von Spannungen möglich, die nun aus Kopf, Nacken und Hals sowie aus dem Kehlbereich freige-setzt werden. Genauso wie unsere Vorderseite sind unser Kopf und unser Gesicht die wichtigsten Aspekte unseres Auftretens nach außen hin, der sozialen Seite unseres Lebens, mit der wir kommunizieren und uns oft wie hinter einer Maske verstecken. Wir westlichen Menschen sehen unseren Kopf als den Sitz des Verstandes, des Geistes an.
Es gibt Menschen, die ihren Kopf so weit vorstrecken, daß es aussieht, als ob sie der Welt, den Menschen, die sie treffen, zuerst mit ihrem Kopf, mit ihrer Ratio begegnen. Dann erst folgt der Körper, als wollten sie zuerst einmal untersuchen, was auf sie zukommt, und den empfindlichen Körper erst später folgen lassen.
Wie viele Menschen halten ihren Kopf chronisch zur Seite geneigt. Dies ist deutlich zu sehen, wenn wir in Gruppen ent-spannt liegen. Wenn ich dazu auffordere, innerlich gerade zu liegen, merken die meisten nicht einmal mehr, daß der Kopf, bedingt durch eine bestimmte Haltung von Hals und Schultern, nicht gerade liegt. Sehen Sie sich einmal im Spiegel Ihre Hals- und Schulterhaltung an. Versuchen Sie es anschließend mit der anderen Seite. Der Kopf scheint für den Körper zu schwer zu sein und sackt deshalb hinunter. Meistens ist dies ein Zeichen für tiefe Erschöpfung und zu große Schwierigkeiten. Man kann das Leben kaum noch bewältigen.

Außerdem gibt es den stolzen Hals, den schönen langen, zierlichen Hals, den Stiernacken und den »hartnäckigen« Nacken.

Gern würde ich über Schultern, Arme und Hände, über Kiefern und Stirn und über vieles andere etwas sagen, aber dann würde dies ein ganz anderes Buch werden.

Der Nacken-Kehle-Hals-Bereich muß wie ein Tunnel den Kopf und den Rest des Körpers miteinander verbinden, so daß das Ego aus Stirn und Hinterkopf im Loslassen Durchgang findet. Es ist dies der Bereich sehr verfeinerter, aber dennoch kraftvoller Energien, denn hier liegt das Kehl-Chakra. Deshalb ist es so notwendig, daß wir uns immer bewußter werden, daß der Nakken-Kehle-Hals-Bereich nur frei von Emotionen sein kann, wenn wir vom kosmischen Auge aus atmen und sind.

Jetzt will ich noch kurz auf die Spaltung zwischen Körper und Beinen und zwischen linker und rechter Körperhälfte eingehen.

Zunächst einmal die Spaltung zwischen Rumpf, Armen und Beinen. Durch den Gebrauch unserer Arme und Beine vergrößern und erweitern wir den Bereich unseres Körpers und unseres Körperbewußtseins. Durch den Gebrauch von Armen und Beinen haben wir Kontakt mit anderen Menschen, verrichten wir Arbeit und verwirklichen wir unsere Gedanken und Ideen.

Durch unsere Beine und Füße hat unser Becken Verbindung zur Erde. Unsere Arme strecken sich von Brustkorb und Schultern aus und bringen uns in Kontakt mit Menschen, Tieren und Dingen. Wir benutzen sie aktiv in allen möglichen Bereichen.

Unser Körper hat mit unserem Sein in der Welt zu tun. Sowohl mit dem kleinen Ich als auch mit dem großen Selbst in uns. Er gibt uns die Geborgenheit und Wärme, die wir oft vergebens bei anderen suchen.

Durch Disharmonie zwischen Rumpf und Gliedmaßen können alle möglichen Krankheiten entstehen. Das Ausatmen und wirkliche Loslassen vom kosmischen Auge aus löst die Grenzen zwischen Rumpf, Beinen und Füßen auf und kann somit abführen, was zuvor blockiert war.

Zwischen rechts und links besteht eine Trennung. Die rechte und linke Hälfte des Körperbewußtseins spiegeln oft verschiedene Seiten des Charakters und der Persönlichkeit wider. Aufgrund vieler, fesselnder Untersuchungen wissen wir heute, daß die linke Gehirnhälfte hauptsächlich das analytische, logische Denken beherrscht, vor allem das verbale und mathematische Denken, die rechte Gehirnhälfte hingegen das räumliche Orientierungsvermögen, das Körpergefühl und die Körperwahrnehmungen, künstlerische Arbeit und Handfertigkeit sowie das Erkennen von Gesichtern.

Der Unterschied zwischen rechts und links im Menschen ist klar zu erkennen, wenn wir beide Seiten massieren oder behandeln. Wenn wir die rechte Seite behandeln, kommt viel verdrängte Wut an die Oberfläche, und wenn der Betreffende weint, sind viel Ärger und Ohnmacht da, Tränen der Wut. An der linken Seite wird dagegen mehr Traurigkeit freigesetzt, Kummer, weil man gekränkt worden ist, noch nicht verheilte innere Wunden.

Menschen sind entweder Rechts- oder Linkshänder. Aber das Atmen vom kosmischen Auge aus im Zusammenwirken mit dem vergrößerten rechten Auge erzeugt eine ausgeglichene Beziehung zwischen linker und rechter Körperhälfte.

Von dem Augenblick an, in dem wir selbst die Verantwortung für unser Sein auf uns nehmen und mit Selbstdisziplin und Ausdauer und vor allem auch mit Liebe für uns selbst die Kraft finden, unsere Struktur zu verändern, beginnt eine Selbstentwicklung zur Gesundheit hin. Wir können uns dabei bis in unsere Füße hinein selbst kontrollieren.

Mit Hilfe der Meridiane bringen die kosmischen Energien Gleichgewicht und Gesundheit in den ganzen Körper. Diese Meridiane enden oder beginnen in den Füßen und in den Händen an Punkten, wo auch Lymphknotenpunkte liegen. Wenn wir diese Punkte massieren, erzeugen sie einen Energiestrom, der durch den gesamten Körper hindurchgeht, wodurch dieser sein Gleichgewicht wiedererlangt und die nötige Vitalität erhält. Die gleichen Resultate erzielt die Fuß-Druckpunkt-Massage.

Übung

Nehmen wir einmal ein großes Blatt Papier und einen Bleistift oder einen Kohlestift zur Hand und versuchen wir, aus uns heraus, von innen heraus unseren Körper mit der Disharmonie zu zeichnen, die uns an uns selbst zuerst aufgefallen ist. Versetzen Sie sich in die verschiedenen Erlebnisse, Traumata, Geschehnisse, die diese Spiegelung in unserem Leben erzeugt haben. Zeichnen Sie mit farbigen Stiften in verschiedenen Farben all die Stellen, die Krankheit, Unfälle, Schmerzen, Verkrampfungen, Spannungen spiegeln. Auch die kleinsten Stellen, ebenso solche Stellen, die von früheren Problemen herrühren, die vielleicht noch nicht gelöst sind, und die Stellen der Probleme von heute.

Zeichnen und malen Sie anschließend die Stellen farbig, die sich gut anfühlen, die ausstrahlen, Freude, Dankbarkeit. Sitzen wir richtig und atmen wir vom kosmischen Auge aus? Dies ist notwendig, wenn wir mit unserem vergrößerten rechten Auge in uns warnehmen wollen, wo Licht und wo Dunkel ist. Manchmal fallen Stellen des Schmerzes mit solchen der Freude zusammen. Dort verweilen wir etwas länger.

Zeichnen Sie nun einmal, welche Stellen Liebe, Vitalität und Licht ausstrahlen. Vielleicht unsere Augen oder unser Gesicht, unsere Hände, unser Herz. Zeichnen Sie die Chakras und ihre Strahlungsfelder ein, auch an unserer Rückseite, unserer dunklen Seite.

So habe ich mich immer innerlich sehen können und mir bewußt gemacht, wo mein Licht und Dunkel war, warum mir bestimmte Stellen bekannt waren und andere unbewohnt zu sein schienen. Meine Vorderseite und meine Rückseite. Wenn ich neue Dinge in mir entdeckte, Muster von Krankheiten, Vertiefung und Stille, was auch immer, dann zeichnete ich sie ebenfalls ein. Schließlich war mein Körperbewußtsein so stark ausgeprägt, daß ich – aus und in *einem* Raum lebend – Entfernteres aus meiner Quelle und aus meiner Beckenschale heraus wahrnehmen konnte. Es gab keine Grenze, keine Distanz mehr. Alles kann vom kosmischen Auge aus überschaut werden.

15 Das rote Basis-Chakra

Wie stellen wir uns vor, daß Menschen ihr Leben von diesem roten Basis-Chakra aus erfahren? Unser Ausgangspunkt ist der unbewußt lebende Mensch. Menschen, die aus diesem ersten Chakra leben, und das sind sehr viele, sind sich der Chakras noch nicht bewußt. Ihr Interesse ist nach außen gerichtet. Selbstdisziplin, wie sie notwendig ist, um einen inneren Weg zu gehen, fehlt ihnen. Sie sind ganz an ihrem Körper orientiert und an dem, was er braucht: gutes Essen, starke alkoholische Getränke, Sex, kurzum: körperliche und sinnliche Reize. Sie leben im Jetzt, weil sie sich nicht bewußt mit ihrer Vergangenheit oder Zukunft auseinandersetzen wollen. Sie sind Praktiker und haben immer schnell eine Antwort zur Hand, sind geschickt und aktiv, wollen neue Dinge erleben und neue Erfahrungen machen, dies jedoch ohne intellektuelle Grundlage oder Vorausplanung. Sie drücken sich nicht gern begrifflich aus, denken nicht gern nach, schätzen das Theoretisieren nicht und mögen keine Bücher. In ihrem Verlangen nach Sensationen, die intensiv sein müssen, suchen sie die Reize in der äußeren Welt, im Jetzt, in diesem Moment, und dies geschieht vor allem durch Berührung. Während unsere Erinnerungen uns in die Vergangenheit zurückführen und unsere Intuition uns den Weg in die Zukunft weist, bringt das rote Chakra uns zum vergänglichen Jetzt.

Wenn wir das Bewußtsein eines Menschen in Farben wie Rot oder Zartgrün oder Himmelblau sehen, dann ergibt sich daraus ein bestimmtes, vorhersehbares Verhalten, mit fest umrissenen Grenzen und Einschränkungen. Dies zeigt uns auch, wie sehr sich ein Mensch der Wirklichkeit als eines Ganzen bewußt ist.

Die Aggressivität des vom roten Chakra bestimmten Menschen kommt deutlich in der Art zum Ausdruck, wie er ißt und trinkt, denn Rot stimuliert die Speicheldrüsen, die Magensäfte und das weiche Gewebe der Darmwand. Der vom roten Chakra bestimmte Mensch verschlingt seine Nahrung aggressiv. Mit großen Bissen stopft er seinen Mund voll und kaut kaum. Wenn er sich hungrig fühlt, sucht er sofort im Kühlschrank nach etwas Eßbarem, auch wenn es schon fast Essenszeit ist. Alles, was der vom roten Chakra bestimmte Mensch empfindet, muß sofort beantwortet werden.

Der fühlende Mensch, bei dem das blaue Chakra, und der denkende Mensch, bei dem das gelbe Chakra dominiert, sind oft verblüfft über das schnelle Handeln des vom roten Chakra bestimmten Menschen.

Vielleicht erkennen wir in dieser Beschreibung uns selbst wieder oder Familienangehörige oder Menschen, mit denen wir beruflich zu tun haben. Vielleicht entwickeln wir nun ein wenig mehr Verständnis für Menschen, die aus dem roten Chakra heraus leben, Menschen, mit denen wir zusammen leben oder arbeiten und die wir lieb haben.

Ist uns jemals der Gedanke gekommen, daß unser Partner, unser Kind oder ein Kollege von einem völlig anderen Ausgangspunkt aus funktioniert als wir selbst? Wenn wir selbst vom roten Chakra bestimmt sind, einen verträumten, vom violetten Chakra bestimmten Sohn und eine vom orangen Chakra bestimmte, gesellschaftlich ehrgeizige Frau haben, die bei jeder Gelegenheit sagt: »Was werden die Nachbarn nur darüber denken!«, und außerdem eine Tochter, die vom himmelblauen Chakra bestimmt ist und gerade mit Yoga begonnen hat, was sollen wir dann nur tun?

Ein Beispiel: Bestehen wir darauf, daß unser Sohn all unsere ehrgeizigen, von uns selbst nicht ausgeführten Pläne verwirklicht, oder lassen wir ihn spüren, daß wir uns mit ihm freuen, wenn er seine Gedichte veröffentlicht oder wenn seine Kompositionen aufgeführt werden? Er wiederum kann uns helfen, die Gedichte zu verstehen oder seine Musik schätzen zu lernen, so daß sich uns eine neue Welt eröffnet, deren Existenz wir nie vermutet hätten. Jede Begegnung mit einem Freund, mit einem Familienmitglied, mit einem Kind oder auch mit einem Fremden kann eine abenteuerliche Erfahrung sein, wenn wir nur mit

Verständnis und Geduld empfindlich dafür sind, was jeden dieser anderen Menschen in seinem Wesen ausmacht. Wenn wir dem Wesen anderer gegenüber empfindlich werden, öffnen auch sie sich für die Sphäre unseres bestimmenden Chakras, für das Bewußtseinsniveau, von dem her wir ihnen begegnen. Jedes Chakra hat seine eigene Zeitwelt.

Der vom roten Chakra bestimmte Mensch lebt, wie bereits gesagt, im unmittelbaren Jetzt. Er kann nicht verstehen, daß sein Sohn, der ihm bei etwas helfen sollte, sagt: »Ja, aber nicht jetzt«. Dem Sohn erscheint dieses »Jetzt« als Begrenzung. Er lebt mit seinen Phantasien, Gedichten und mit seiner Musik in vielen Sphären zugleich. Wo aber können sich Vater und Sohn treffen? Wenn der Vater mit einem tieferen Teil seines Wesens antwortet, der vielleicht bislang Angst hatte, sich nach außen hin zu zeigen, dann treffen sich Welten, wenn er dem Sohn entgegenkommt. Gleichzeitig erweitert der Vater aber auch seine eigene Erfahrung und sein Bewußtsein. Der Sohn versteht, daß sein Vater recht hat, wenn er sagt: »Es gibt keine bessere Zeit als jetzt«. So kommt er dem Vater entgegen, erzählt diesem aber auch, daß die großen Dichter und Musiker aller Zeiten stets auf ihre eigene Weise von den Welten berichteten, die sie wahrnahmen und erfuhren.

Aufgrund des Vorausgegangenen können sie sich vorstellen, wie sich uns eine völlig andere Welt öffnet. Eine Welt mit einem neuen Verständnis, in Verträglichkeit mit dem anderen. Ein neuer Zusammenhang zwischen unserem physischen Körper und den verschiedenen Bereichen in und um uns.

Schließen wir einmal kurz die Augen. Wir schauen nach innen und spannen die Muskeln unseres Rektums an, um sie dann sogleich wieder zu entspannen. Wir wiederholen dies ein paarmal und achten dabei auf die übrigen Muskeln in der Umgebung. Wir fühlen ein, ob diese Muskeln angespannt sind und lassen sie innerlich los.

Das Basis-Chakra liegt an der Basis der Wirbelsäule und ist mit dem vierten Wirbel des Kreuzbeins verbunden.

Betrachten wir jetzt einmal, was das Sakral-Chakra für uns bedeutet, während wir vom kosmischen Auge her in Verbindung mit dem vergrößerten rechten Auge atmen. Da das Sakral-Chakra durch das kosmische Auge mit dem Kreuzbein und auch mit dem sakralen, heiligen Dreieck verbunden ist, strahlt es heilende Kraft aus. Die sexuelle Kraft transformiert sich in heilende Kraft, wenn wir lernen, dieses Chakra zu beherrschen und nicht von ihm beherrscht zu werden. Wir können dann selbst wählen, ob wir die Kraft in der Sexualität gebrauchen wollen oder zum Heilen. Im letzteren Fall steht das Helfen, das Dienen in der Strahlung des weißen Himmelslichts an erster Stelle. Manchmal ist es mit Violett oder Blau vermischt.

Den einzelnen Chakras sind jeweils typische Handgebärden zugeordnet, die wir auch in Übungen verwenden.
So entspricht dem unbewußt lebenden Menschen die Faust mit dem Daumen darüber in der Höhe des Beckenbodens, und alles ist rot, innen und außen. Aber diese beiden Fäuste bringen uns auch in die Tiefe.

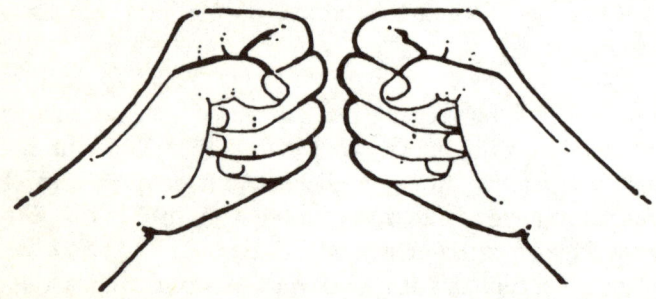

Zum bewußt lebenden Menschen, der vom kosmischen Auge her atmet, paßt die Gebärde der heilenden, ausstrahlenden Hand. Wir wollen einmal versuchen, die Verbindung zu fühlen zwischen
- dem Sakral-Chakra und der Milz
- dem Sakral-Chakra und der Kehle.

104

Übung

Wir legen die Hände auf unsere Beckenschale, die Handwurzeln sind auf die Hüftgelenke gerichtet, die Fingerspitzen weisen zueinander hin, ebenso die Daumenspitzen.

Wir atmen ein und stellen uns vor, daß wir die Kräfte aus der Erde unter dem Boden aufnehmen:

- durch den Boden,
- durch das kosmische Auge,
- durch die Höhle unseres Beckens vorn,
- durch die Haut des Unterbauches hinaus und abfließen lassen.

Wir atmen aus: Kraft und Licht des Himmels, denselben Weg zurück bis in die Erde unter dem Boden.

Wir gleichen einer Durchreiche zwischen Erde und Himmel. Wir sind Zuschauer in unserer Beckenschale. Wir nehmen wahr, wie Wellen von Energie unsere Schale füllen und die Kraft des kosmischen Auges zunehmen lassen. Die Energien werden gebraucht, um uns zu reinigen. »Es« reinigt sich in uns. Wir verfolgen still und aufmerksam diesen Prozeß.

Dann fühlen wir, wie vom kosmischen Auge her eine Aura entsteht, die alle Chakras in Harmonie miteinander verbindet, und wie wir, zwischen dem achten und dem neunten Chakra gereinigt, als Einheit mit dem All verbunden sind.

16 Das orange Nabel-Chakra

Dem unbewußt lebenden, vom orangen Chakra bestimmten Menschen ist die Vergangenheit nicht wichtig. Er konzentriert sich auf die Zukunft und arbeitet dafür im Jetzt auf Veränderungen hin. Er gibt leichtfertig Versprechen, die er ebenso schnell wieder vergißt.

Wenn dieses orange Nabel-Chakra kosmisches Licht aufnimmt, wird der Mensch, der hauptsächlich aus diesem Chakrabereich heraus lebt, sozial und erfährt den Mitmenschen als Individuum. Dies steht im Gegensatz zu einem Menschen, der vom roten Chakra bestimmt wird und der nur Kontakt über die Haut wünscht, sexuellen Kontakt. Unsere Sinne sind allerdings tatsächlich immer ein wichtiger Aspekt bei unseren Beziehungen zu anderen Menschen, ganz gleich, auf welcher Bewußtseinsebene wir uns befinden. Unbewußt nehmen wir die Sinne auf jede neue Bewußtseinsebene mit. Jede höhere Bewußtseinsebene enthält die vorherigen, auch wenn sie klar eine Welt für sich ist.

Als wir Kinder waren, haben wir nur unseren Vater und unsere Mutter, die Brüder und Schwestern als Individuen erfahren. Dieser Kreis erweiterte sich, als wir in die Schule kamen: der Lehrer, die Mitschüler, Freunde und Freundinnen kamen hinzu. Die Kreise um uns herum wurden durch unsere Erziehung mit der Zeit immer größer, sowohl in kultureller als auch in sozialer Hinsicht, ganz wie man es von uns erwartete. Wir lernen, was man tun kann und darf und was nicht. Wir akzeptieren dies, denn Ordnung, Sitten und Gesetze muß es geben, wenn wir als große Gruppe von Menschen an einem Ort leben wollen.

Später lassen wir dann bestimmte Überlieferungen fallen und lernen, uns für die Traditionen zu entscheiden, hinter denen wir wirklich stehen, weil sie gut für das Ganze sind; andere legen wir ab. Wir setzen uns Grenzen und entscheiden uns für die Verwirklichung sozialer Ideen, für ein Streben nach der Verbesserung sozialer Umstände, wir helfen im Sozialbereich, zum Beispiel in Entwicklungsländern, oder aber wir entscheiden uns dafür, innerlich an uns selbst zu arbeiten und daran zu wachsen.

Wir sind uns der Gruppe bewußt, in der wir uns mit Therapie oder mit Meditation, mit Sport beschäftigen oder mit der wir in einer Gemeinschaft leben. Die Teilnahme in einer Gruppe ist eine Herausforderung für unser soziales Bewußtsein und wirkt nicht nur auf die orange Bewußtseinsebene, sondern auch auf alle anderen Ebenen.

Was ist eigentlich Gruppenbewußtsein, was beinhaltet dieser Begriff tatsächlich? Auf der orangen Bewußtseinsebene bedeutet es, daß wir andere wahrnehmen und auf sie zugehen, ebenso wie wir uns selbst sehen, und daß wir dem anderen mit unserem inneren Ohr zuhören. Nicht oberflächlich, sondern offen und aufrecht von unserer Quelle aus, warm und total. Mit Sympathie, mit- und einfühlend, mit echter Fürsorge und mit Verständnis, viel tiefreichender, als wir es mit Worten tun könnten. Je mehr wir den anderen als Teil des großen Ganzen sehen, um so mehr verlangen wir danach, diesem Ganzen mit all unseren Gaben und Möglichkeiten zu dienen.

Die Gebärde, die den vom orangen Chakra bestimmten Menschen charakterisiert, ist die der beiden ineinandergelegten Hände. Freundschaft.

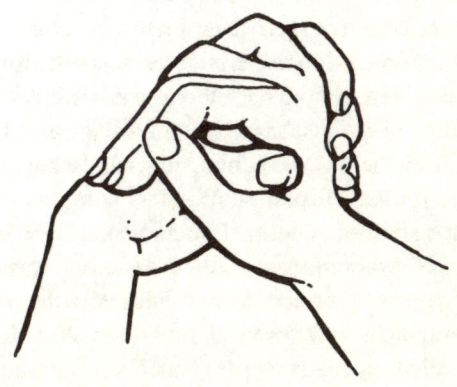

Wer vom kosmischen Auge her atmet und lebt, spürt, daß das Nabel-Chakra der Ort ist, an dem sich der Körper ordnet. Das offene, ausstrahlende Nabel-Chakra ordnet die Organe, öffnet die Hand- und Fußzentren, öffnet uns zwischen dem großen Nierenpunkt in der Nähe des ersten Knöchels der mittleren Zehe zur Erde hin und öffnet den Scheitel zum Himmel.

Das gelbe Orange, das von den Swamis und den buddhistischen Mönchen getragen wird, hat, wie man sagt, mit ihrer Entsagung, ihrem Distanz-Halten von der Welt zu tun. Aber wenn wir uns tiefer mit dieser Farbe vertraut machen, sehen wir, daß ihr Selbstlosigkeit, Transformation, Nächstenliebe, tiefes Mitgefühl mit anderen und Kontemplation zu Grunde liegen. Das warme, tiefe Orange läßt die grüngoldenen Energien durch uns hindurch strahlen, Yangkraft. Schließlich ist das orange Nabel-Chakra der Ort, von dem das innere Bewußtsein nach außen hin ausstrahlt.

Gerade in unserem Bauch können sich starke Verspannungen festsetzen, was dazu führt, daß sich ein bestimmter Bauchmuskel (musculus rectus abdominis) sehr stark anspannt und verhärtet. Er verläuft von der Verbindung der fünften, sechsten und siebenten Rippe und dem Brustbein über den Magen zur Mitte des Schambeins und zu den Geschlechtsorganen hin.

Ein anderer oft verhärteter und sehr verspannter Muskel ist der Iliopsoas, ein Lendenmuskel, der tief in unserem Körper liegt und zum untersten Teil der Wirbelsäule hin verläuft, das Becken kreuzt und im obersten Teil der Spitze des Oberschenkelknochens, in einem nach innen gerichteten Knochenfortsatz endet. So stellt er eine Verbindung des Oberkörpers mit der Wirbelsäule und den Beinen her, die sehr wichtig für all unsere Beckenbewegungen ist. Bei vielen Menschen, die zur Behandlung zu mir kommen, ist dieser Muskel samt seiner Umgebung bis in die Tiefe hinein verhärtet. Diesen Bauchmuskel bearbeite ich sehr tief und lasse währenddessen auf »a–o–u« ausatmen, was anfangs oft wie ein Wimmern klingt. Dies wird durch physischen Schmerz verursacht und durch Gefühle von Wut, Kummer und Einsamkeit, die freigesetzt werden, nachdem sie lange Zeit in der

Tiefe von Magen und Bauch begraben lagen. Einem solchen Menschen muß man Zeit lassen, damit er sich von all den traurigen und schmerzhaften Erinnerungen und Erfahrungen erholt und befreit, bis sich die innere Ruhe wieder einstellt. Die zurückgehaltenen Emotionen können noch tagelang nachwirken. Manchmal kommt es zu Erbrechen, wodurch der Patient sich aller Giftstoffe entledigt, die sich in seinem Körper angesammelt hatten.

Beim Massieren und tiefen Eindringen in das Gebiet des Iliopsoas, das immer beim Ausatmen, im Loslassen geschehen muß, nimmt der Patient nicht in jedem Fall Schmerz wahr. Wohl aber spürt er Spannungen in den Kiefernmuskeln, im Gesäß oder in den Knien. Diese Spannungen lösen sich auf, und es stellt sich heraus, daß der Körper sich auf diese Weise von alten, tiefen Blockaden befreit. Daran können wir sehen, daß Spannungen und psychosomatische Konflikte sich in Magen- und Bauchbeschwerden spiegeln. Deshalb ist es für den heutigen Menschen notwendig zu lernen, wie kostbar das Wissen über die Chakras, ihre Energien und Energiefelder, die Auras, für ihn ist, um selbst ganz zu sein und heilend auf andere einwirken zu können.

17 Das gelbe Sonnengeflecht-Chakra

Die Bewußtseinsebene des Menschen, der von seinem Sonnen-geflecht-Chakra aus lebt, ist mit dem Intellekt verbunden. Es ist eine Welt, in der wir selbst uns ständig getrennt vom anderen und von allem um uns herum fühlen: »Ich bin hier in meinem Körper und du bist dort in einiger Entfernung in deinem Körper«, oder: »Ich sitze hier und esse. Zwischen mir und dem Teller vor mir besteht eine Distanz.« Alles wird ausgedacht, unter Kontrolle gebracht, analysiert, kritisiert.

Der Mensch, der vom gelben Chakra aus lebt, möchte alles in einer bestimmten Ordnung sehen und lebt deshalb sowohl in der Vergangenheit als auch im Jetzt und in der Zukunft, im Gestern, Heute und Morgen. Er sammelt Wissen und denkt in geraden, strengen Linien. Immer wieder sucht er von neuem: neue Pläne, neue Dogmen. Natürlich wollen wir alle gern etwas Neues erfahren, zum Beispiel in unseren Ferien ein Land, das wir noch nicht kennen, das neu für uns ist. Der vom gelben Chakra bestimmte Mensch jedoch sucht deshalb immer wieder Neues, weil er das Alte nie ganz und gar verarbeitet hat. Es bleibt bei ihm stets bei einer Anhäufung von Kenntnissen.

In unserer westlichen Welt hat man tiefen Respekt vor den analytischen und technologischen wissenschaftlichen Möglich-keiten, die der vom gelben Chakra beeinflußte Mensch entwickelt. Doch hat sich in neuester Zeit in der Psychologie eine Richtung entwickelt, die sich darüber im klaren ist, daß es mehr gibt als Analyse, und daß es darum geht, daß Innen und Außen, Subjekt und Objekt, Kopf und Herz, Selbst und Nicht-Selbst eine Einheit bilden. Dies geht über die Anschauung der Psychoanalyse weit hinaus. Es müssen Wege gefunden werden, um den Individualis-mus, das Ego, das sich getrennt von Körper und Geist, vom Selbst und den anderen erlebt, zu transformieren. Wir setzen dabei das gelbe Sonnengeflecht-Chakra in reines Gold um.

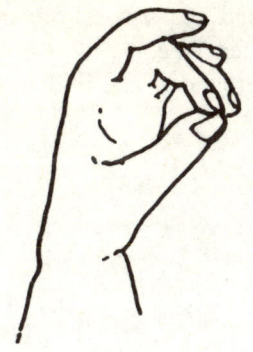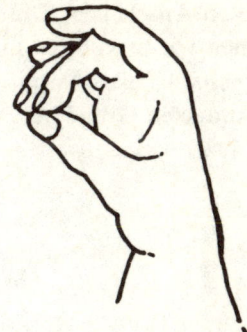

Die Handgebärde, die zu diesem gelben Chakra gehört, ist der
Ring, den wir zwischen Daumen und Mittelfinger bilden. Durch
ihn spüren wir unmittelbar, wie die Kraft im Sonnengeflecht
zunimmt.

Für uns ist das Sonnengeflecht unser geistiges Kraftfeld, das sich
niemals erschöpft, wenn wir vom kosmischen Auge aus atmen
und leben. Das Chakra öffnet dann auch sein Tor zum mystischen
Herzen, das beim neunten und zehnten Brustwirbel liegt; beide
sind mit der Leber verbunden.

Die Leber spiegelt das Nicht-Akzeptieren und von daher Gereizt-
heit und Unzufriedenheit. Dieses Tor ist also abhängig davon, ob
wir das Leben akzeptieren, wie es sich uns im gegenwärtigen
Augenblick zeigt. Das spiegelt sich in zur Erde hin geöffneten
Füßen und Zehen.

Wenn die vom Ego erzeugte Spaltung aufgelöst ist, entsteht
echtes Wissen. Dann kann der vom gelben Chakra bestimmte
Mensch mit seinem Organisationstalent uns helfen, unser Leben,
unsere Erfahrungen und unsere Angelegenheiten zu ordnen.
Wenn dies in Harmonie mit den anderen Chakra-Bereichen geschieht, erweitern wir unser Blickfeld und transformieren unser
Ego. Mit Hilfe von Meditation, Selbsterforschung, von Einfühlungsübungen, Erforschung der sieben Bewußtseinsschichten

und von Anschauen, Durchschauen und Lösen von Problemen arbeiten wir bewußt an unserem inneren Weg.

Das gelbe Chakra ist mit der Milz verbunden, die in dem ihm zugeordneten Grundbreich liegt.

18 Das grüne Herz-Chakra

Während es für den vom gelben Chakra bestimmten Menschen charakteristisch ist, sich abzusondern, sich zurückzuziehen, Freundschaftsbande zu durchschneiden, ist der vom Herz-Chakra bestimmte Mensch anhänglich, will geben und lieben. Deshalb wird er auch oft verletzt. Die Welt des vom grünen Chakra bestimmten Menschen ist vielleicht sogar die erhabenste Welt in uns, weil sie uns so tief berührt. Diese Welt birgt unser tiefstes Fühlen in sich, die Sehnsucht nach Liebe, das Bedürfnis, sich zu jemandem zugehörig zu fühlen, sich sicher fühlen zu können oder ungeschützt, nicht geborgen zu sein, unsere Sehnsüchte, alles was mit der Erde verbunden ist.

Wir wissen schon, daß jede Bewußtseinsebene ihre eigene Vibration hat, aber trotzdem sind die verschiedenen Ebenen so tief miteinander verbunden, daß unser Gefühl von Sicherheit oder Unsicherheit auf allen Ebenen spürbar ist.

Wenn wir uns zum Beispiel Sorgen machen wegen einer großen Rechnung, etwa für Renovierungsarbeiten, dann denken wir vielleicht an vergangene Zeiten zurück, in denen wir mehr Geld besaßen, oder wir spielen mit dem Gedanken an einen Gewinn in der Lotterie, der uns in Zukunft das nötige Geld einbringen würde. Vielleicht grübeln wir darüber nach, wie wir noch etwas Geld hinzuverdienen könnten. Oder wir denken: »Ach, ich sehe im Moment keinen Ausweg, ich habe das Geld eben jetzt nicht. Laß uns irgendwo gemütlich essen gehen.« All diese Gedanken bringen uns auf unterschiedliche Bewußtseinsebenen, zu verschiedenen Farben hin.

Dem Menschen, bei dem der Akzent auf der grünen Bewußtseinsebene liegt, ist Besitz sehr wichtig. Er sammelt gern schöne Dinge, Antiquitäten, Geld und auch Wissen, um sich selbst zu bestätigen. Der vom grünen Chakra bestimmte Mensch tendiert dazu, eifersüchtig zu sein und Angst zu haben, das zu verlieren, was er besitzt. In der Liebe, in bezug auf seinen Partner nimmt er die Haltung ein: »Du bist mein, ich bin dein.« Gefühle von Liebe und Sicherheit sind sehr tief miteinander verbunden und sind daher in der Welt des Herzens beheimatet.

Das helle, junge Grün unseres Herz-Chakras ist auch eine heilende Farbe. Wir spüren dies deutlich, wenn wir in den Wäldern spazierengehen. Es schenkt uns Ruhe und Harmonie. Wir fühlen dies auch, wenn wir im Frühling das junge Grün der Buchenblätter mit dem Ein- und Ausatem durch uns hindurchströmen lassen. Dies ist eine Farbe, die uns viel Energie gibt und uns erneuert.

Dunkles, düsteres Grün deutet oft auf Krankheit hin, auf Gefühle des Unwohlseins. Zur Stärkung dieses Chakras dient die Gebärde der beiden nach innen geöffneten Hände.

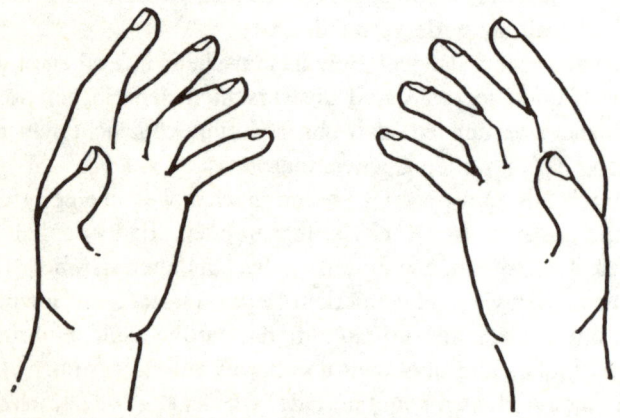

Graues, fahles Grün ist die Farbe des Todes. Wenn wir uns unserer Möglichkeiten in der Welt des Herzens bewußt werden, können wir durch unser Ein- und Mitfühlen vom kosmischen Auge her so viel mehr mit unserer Liebe tun, mit unserem Vertrauen und den Lebensenergien, die von unserem Herzen aus im ganzen Körper Harmonie erzeugen.

Wenn alle Chakras, auch das achte und neunte Chakra außerhalb unseres Körpers, miteinander in Harmonie verbunden sind, dringt die weiße Kraft des Himmels aus dem achten Chakra in unser Herz, und die Christuskräfte strahlen warm und kraftvoll vom mystischen Herzen nach außen, zu anderen Menschen hin. Das ist das Wesentliche. Aber jeder muß dies für sich selbst erobern. Es ist eine Angelegenheit zwischen Gott und dem einzelnen.

Das mystische Herz sehe ich immer zweifach. Vom Herzpunkt mitten im Brustbein zwischen den Brustwarzen bis zum unteren Rand des Brustbeins öffnen sich die Türen nach außen und strahlen die Christuskräfte zu anderen hin. Vom Herzpunkt mitten zwischen den Brustwarzen im Brustbein bis an die Halsgrube erstreckt sich der Bereich der Thymusdrüse, der Drüse der Liebe. Diese strahlt nach hinten, zum Gebiet zwischen den Schulterblättern, zwischen Haut und Nacken, Haut und Hinterkopf, bis hin zum Scheitel, zur Krone. So arbeiten beide zusammen und helfen, das Kehl-Chakra, die inneren Augen auf unserer Stirn und das Kronenchakra zu öffnen.

Indem wir bewußt die Liebeskraft in uns erfahren und sie in unserem Körper durch Atem, Entspannung, Einfühlen und durch das Summen von »Om« verteilen, lernen wir, unsere Gaben und Möglichkeiten, unseren begrenzten Verstand mit der grenzenlosen, kosmischen Intelligenz der unbewußten inneren Welten in uns zu verbinden. Wir müssen nur vom kosmischen Auge aus atmen, dann lösen sich die Blockaden von Zweifeln und negativen Gefühlen auf. Wir fühlen uns von Erde und Himmel getragen und sind nicht mehr gespalten, sondern eins mit dem Universum. Dieser Raum von Universum und Intelligenz ist unteilbar. Wir verbinden uns mit ihm in unserer Meditation mit Hilfe von Visualisierungen.

Wir fühlen, wie unser Atem in Einheit mit Gottes Atem durch uns hindurchströmt und fühlen uns bewußt mit allen verbunden, die auf die Weise in Liebe und mit Intelligenz empfänglich werden für die große kosmische Liebe, für Gott.

Wenn wir lernen, uns selbst zu akzeptieren und zu lieben, entspannen wir uns, und unsere Vibration wird feiner, reiner. Wir werden empfindlicher in unserem Wahrnehmen. Wenn jemand böse auf uns ist, aus welchem Grund immer, gehen wir in unsere Beckenschale hinein. Dort zentrieren wir uns, von dort aus sind wir ruhig. Ganz gleich, ob wir Recht oder Unrecht haben, wir akzeptieren uns selbst und strahlen Wellen von Licht aus unserer Schale durch unser mystisches Herz zu dem hin, der die Fassung verloren hat und verärgert ist. Je ruhiger und stiller wir dies tun, um so besser können wir die Situation verstehen und um so besser reagieren die Mitmenschen auf diese beruhigenden Vibrationen. Wir können dies in unserem täglichen Leben üben. Es wirkt wie ein Spiegel.

Wenn wir von unserem kosmischen Auge her leben, strahlt unser Herz zu anderen aus und strahlt von ihnen zu uns zurück. Wenn wir verstört sind und diesen Zustand auf andere ausstrahlen, wird dies auch zu uns zurückgespiegelt.

Übung

Wir setzen uns dicht zusammen in einen Kreis, so daß wir einander hören können.

Wir zentrieren uns in unserer Beckenschale, atmen sehr ruhig und horchen nach innen auf unser Herz. Wir summen zunächst leise einen gemeinsamen Ton. Wir horchen auf die Vibration, das Gefühl, die Stimmung. Legen Sie Ihr ganzes Herz und Ihre ganze Liebe hinein in diesen einen Ton.

Jetzt gehen wir über zu »Oooooooooommmmmmmmmm«.

Dies setzen wir ein paar Minuten lang fort und hören, ob wir den Ton halten. Gleichzeitig hören wir den anderen zu. Manchmal summen wir leise, dann wieder laut, dann wieder leiser, so lange, bis wir fühlen: »Hiermit fühle ich mich gut.«

Dann meditieren wir und horchen auf die Stille in unserer eigenen tiefen Stille.

19 Das blaue Kehl-Chakra

Auf dieser himmelblauen Bewußtseinsebene befinden sich unsere Erinnerungen, und außerdem all das, was wir auf den anderen Bewußtseinsebenen erfahren haben. Von vielen wird diese Ebene als Welt des Emotionalen angesehen, unter anderem deshalb, weil eine Stauung in Schilddrüse und Nebenschilddrüse entsteht, sobald wir emotional werden. Denken Sie auch an Redewendungen wie »zugeschnürte Kehle«, oder »Kloß im Hals«.

Anders als in unserem grünen Herz-Chakra, in dem die Emotionen meistens aus Unsicherheit heraus entstehen, spielt im blauen Kehl-Chakra die Fassade eine große Rolle: »So muß ich sein, das wird von mir erwartet«, ebenso wie Autoriät, innere Gefühle und Überzeugungen, Traditionen, Vorstellungen und Ideale. Man hält um jeden Preis an Lebensstilen, an Frieden und Harmonie fest, ist konservativ, will keine Argumente, keine Diskussionen hören.

Solche Menschen leben gern in der Vergangenheit und haben oft Angst vor dem Tod, weil sie nicht in der Zukunft leben wollen. Sie setzen sich also nicht mit dem Tod auseinander und schieben jeden Gedanken daran weit von sich.

Der Raum von Nacken, Hals und Kehle ist auch der Raum, in dem wir mit dem Ausatem das Emotionale loslassen und in die Tiefe unseres Beckens mitnehmen, wo das Gefühl angesiedelt ist. Dann wird Raum für den geistigen Sinn, für das innere Ohr frei, mit dem wir innerlich auf die himmlische Weisheit horchen, die durch den Punkt der Weisheit in uns hineinkommt.

Im Kehl-Chakra fühlen wir deutlich unsere Verbundenheit mit anderen. Das erzeugt oft Spannungen und Konflikte, die sich an dieser Stelle in Emotionen spiegeln.

Es erfordert unser Wachsein im Jetzt, wenn wir diese Dinge feststellen wollen, und auch, daß wir unsere Grenzen kennen.

Unser Nacken-Hals-Kehlraum ist außerdem der Kanal, der Spannung, Müdigkeit, das denkende Ich, aus dem Kopf zum Becken hin und von dort aus durch Beine und Füße zur Erde hin ableitet. Außerdem bildet er die Verbindung zwischen dem Gehirn und dem übrigen Körper.

Das Kehl-Chakra befindet sich zwischen der Halskuhle und dem siebenten Nackenwirbel. Das innere Ohr liegt auf der Höhe des dritten Nackenwirbels und ist mit der Wirbelsäule verbunden.

Durch die Position des Halses und durch seine Struktur bedingt, spielen hier Gedanken und Gefühle, Konflikte, Verwirrung und Reaktionen darauf sowie auch Impulse eine Rolle. So entstehen in diesem empfindlichen Bereich Blockaden, Spannungen, Verkrampfungen und Verhärtungen. Fast alle Menschen tragen daher auch eine Last auf ihrem Nacken, auf der Stelle, an der sich Bedrohungsgefühle spiegeln. Mit dem Ausatem und dem bewußten Atem durch unseren Schultergürtel befördern wir diese Last in die Tiefe des Beckens. Dort können wir durch die Kraft und Strahlung vom kosmischen Auge her das Unerträgliche ohne Mühe aushalten.

Das innere Ohr hat durch die Mundhöhle und die Gehörgänge des linken und rechten Ohrs Verbindung mit dem Raum hinter den Ohrmuscheln. Die Strahlung von den Räumen hinter den Ohrmuscheln öffnet die Medulla, den Hinterkopf, durch die drei Vertiefungen unterhalb der Krone zum Scheitel hin, zur Zirbeldrüse (Epiphyse), zum Punkt der Weisheit, und fällt in der Hypophyse mit dem Licht der inneren Augen zusammen.

So transformiert unser Kopf in einer großen Strahlung. Diese Strahlung breitet sich in unserem ganzen Körper aus und wirkt heilend und befreiend durch uns hindurch.

Tiefe Dankbarkeit erfüllt uns. Wir tragen dies als eine Gnade, als ein Geschenk von unschätzbarem Wert in uns.

Zum Kehl-Chakra gehört die Gebärde der mit den Innenseiten einander zugekehrten Händen.

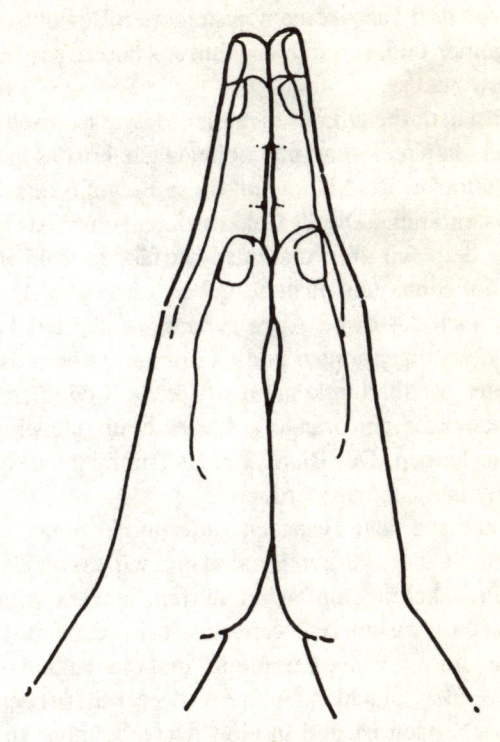

20 Das indigoblaue Stirn-Chakra

Auf unserer Stirn, zwischen und etwas über den Augenbrauen, liegt unser sechstes Chakra, mit dem wir tief verbunden sind, weil wir von dort aus zu einem gesteigerten Bewußtsein unseres Selbst kommen und weil sich von ihm aus unsere geistigen Kräfte weiter entwickeln.

Viele Menschen, die auf der mentalen Bewußtseinsebene leben, nehmen an, daß in diesem indigoblauen Chakra das große innere Selbst beheimatet ist. Man nennt diese Bewußtseinsebene auch den »sechsten Sinn«. Dieses Chakra gleicht einer Art Empfangsgerät, mit dem wir Informationen auffangen können, die die anderen fünf Sinne uns nicht zu geben vermögen. Das geistige Auge, oft auch das dritte Auge genannt, entspricht dem Punkt zwischen den Augenbrauen und ist mit der Zirbeldrüse verbunden. Bei der Meditation können wir dies oft deutlich wahrnehmen. Es kann als ein orange-goldener Kreis um einen blauen Bereich erscheinen. Das Blau kann als Himmelblau, Saphirblau oder Nachtblau sichtbar werden.

Sobald wir offen sind zwischen Erde und Himmel, wenn alle Chakras miteinander verbunden sind und wir das weiße Licht aus dem achten Chakra empfangen dürfen, um es zum neunten Chakra hin durchzustrahlen, verwandelt sich das farbige Licht in eine weiße, spiralförmige Strahlung, und die weiße Spirale wird zu einem weißen, leuchtenden Stern. Dieser Stern, der mit allen Chakras verbunden ist und in einer Urverbindung zum kosmischen Auge steht, bringt uns eine oder mehrere Dimensionen weiter, je nachdem, wie rein und verfeinert wir uns in Vibrationen einfühlen können. Wir nehmen dann verschärft mit unseren fünf Sinnen wahr. Wenn unser geistiges Auge auf diese Weise offen ist, sehen wir durch Sphären hindurch und nehmen ebenso deutlich durch unseren Hinterkopf wie auch durch unsere Stirn wahr. Aber all diese Möglichkeiten bedeuten noch nicht, daß wir spirituell eingestellt sind.

Wer aus seiner Beckenschale heraus lebt, hat, wie ich schon sagte, eine direkte Verbindung zu diesem indigoblauen Chakra, eine Urverbindung. Gerade durch die direkte Gottesbeziehung vom kosmischen Auge her wird das spirituelle dritte Auge in diese Strahlung mit einbezogen, genauso wie es mit dem Sakral-Chakra im heiligen Dreieck geschieht.

Derjenige, dessen Akzent in diesem indigoblauen Chakra liegt, hört selten die Antwort auf Fragen, die er selbst gestellt hatte, er lebt in der Zukunft, und die ist immer besser als der gegenwärtige Augenblick. Er liebt schöne Dinge, Musik, und ist empfindlich für den inneren Weg anderer Menschen. Er lebt in einer Traumwelt und hat die größte Mühe, auf dieser Erde Wurzeln zu schlagen. Menschen, die auf anderen Bewußtseinsebenen leben, verstehen ihn nicht, weil dieser indigoblaue Mensch das Heute aus der Perspektive der Zukunft sieht.
Das ist der Grund, weshalb ich selbst nie ausschließlich mit dem dritten, dem spirituellen Auge, arbeite, sondern immer auch mit der Nasenwurzel, die den Rumpf mit dem Nacken-Hals-Kehlraum und dem Kopf als einem einzigen Bereich unter seiner Obhut hat, und mit dem heilenden Auge mitten auf der Stirn, das den ganzen Menschen von Kopf bis Fuß durchstrahlt und ihn mit der Erde verbindet. Immer wieder geht es um das Geöffnet-Sein zwischen Erde und Himmel, um das Verwurzeltsein sowohl im Beckenboden als auch durch die zur Erde hin geöffneten Fußsohlen.

Dieser indigoblaue Mensch ist oft einsam, er fühlt sich unverstanden und sehnt sich nach tiefem menschlichen Kontakt, den er jedoch wegen seiner egozentrischen Einstellung nur schwer zu erreichen vermag. Am liebsten würde er den ganzen Tag meditieren und verträumt vor sich hinschauen. Oft denkt er auch, er habe alles mögliche geleistet, weil er in Gedanken all die erträumten Handlungen schon vollbracht hat. In Wirklichkeit jedoch ist nichts geschehen.
Der vom indigoblauen Chakra bestimmte Mensch muß lernen,

durch Verwurzelung mit der Erde das Leben so zu akzeptieren, wie es im Augenblick ist. Erst dann wird er sich als ein Teil des großen Ganzen fühlen. Seine vielen Gaben und Möglichkeiten kommen dann voll zu ihrem Recht, gerade auch als neuer Mensch für die neue Erde.

Diesem Chakra ist die Handgebärde der sich berührenden Daumen und Zeigefinger zugeordnet:

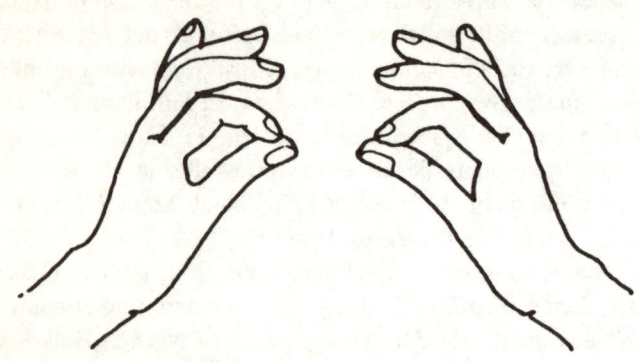

Ein physisches Problem möchte ich hier noch besprechen, weil es häufiger auftritt.

Wenn das dritte Auge wenig aktiv und blockiert ist, hat das eine direkte Auswirkung auf die Nasenhöhle, denn das indigoblaue Chakra beeinflußt den Nasenbereich. Jemand, der chronisch an diesem Problem leidet, hat Schwierigkeiten, sich als Person zu behaupten, was unbewußt zu Gefühlen des Selbstmitleids führt. Das Nasenbein und die Nasenhöhle bilden die Pforte zu einem großen Bereich, dem der Stirnhöhle, des Hinterkopfes und der Bauchhöhle. In den nachfolgenden Übungen können Sie dies nun selbst spüren.

Übung

Wir legen uns auf den Rücken, unsere Beine sind leicht gespreizt, unsere Füße fallen nach außen.

Unsere Arme liegen locker neben dem Körper, die Handflächen auf dem Boden.

Wir konzentrieren uns auf das kosmische Auge und atmen von dort aus rundherum ein
und dort hindurch aus.

Versuchen Sie, genau den Punkt zu fühlen, in dem Ein- und Ausatem sich kreuzen: das kleine Kreuz im großen, atmenden Kreuz. Spüren Sie die Verbindung: kosmisches Auge – letzter Steißbeinwirbel – die beiden Sitzknochen.

Versuchen Sie zu fühlen:

● die geöffneten Leisten,
● die geöffneten Füße,
● den geöffneten Kopf.

Wir atmen immer weiter, still – stiller – immer stiller.

Wir hören mit unseren drei Ohren das Geräusch dieses ganz stillen Atems.

Vom rechten Gehörgang aus horchen wir auf unseren Herzschlag.

Jetzt stellen wir uns vor, daß unsere Nasenlöcher weit geöffnet sind, und atmen weit oben in unsere Nase ein.

Ganz still austamen.

Wir stellen uns auf den unhörbaren Ton unseres Herzens ein. Dort erklingt der unhörbare Ton unseres Wesens.

Jetzt legen wir unsere Zungenspitze hinter die Schneidezähne in unseren Oberkiefer und summen ganz andächtig fünfmal »mmmmmm«. Wir nehmen das Mitschwingen (Resonieren) im Raum unseres Kopfes wahr.

Wir legen unsere Zungenspitze in die Mitte des Gaumens und summen, nachdem wir weit und hoch in die Nase hinauf eingeatmet haben, im Ausatmen »nnnnnn«. Fünfmal. Wir sind mit unserer Aufmerksamkeit ganz nach innen gerichtet und folgen den Vibrationen, die unseren Kopf zu *einem* Raum öffnen.

Wir legen die Zungenspitze hinten in den Gaumen. Wir atmen weit und hoch in unsere Nase ein und atmen mit »ng–ng–ng–ng–ng« aus.

Der Klang resoniert von unserem Hinterkopf aus an der ganzen Wirbelsäule entlang bis in die Bauchhöhle hinein. Die Räume der Nasenhöhle – Stirnhöhle – Hinterkopfhöhle – Bauchhöhle sind eins geworden.

Fühlen Sie jetzt, wie mühelos und leicht wir atmen können und daß wir wie ein großes Tor zum Himmel hin geöffnet sind.

21 Das violette Kronen-Chakra

Das violette Kronen-Chakra hat die höchste Schwingungsfrequenz und auch die höchste resonierende Schwingungsfrequenz in sich. Wir nennen es Kronen- oder Scheitel-Chakra.

Alle anderen Chakras halfen uns, uns durch mancherlei Schwierigkeiten und Verdruß hindurch zu entwickeln, uns zu reinigen und weiter auf dem Weg zur Selbsterkenntnis fortzuschreiten, auf unserem inneren Weg zwischen Erde und Himmel.

Das siebente Chakra ist mit der Zirbeldürse (Epiphyse) verbunden, die im Kopf liegt, hinter dem dritten Auge, in der Nähe der Hypophyse. Diese Drüse mitten im Kopf ist mit allen anderen Drüsen des Körpers verbunden. Hier werden alle Spannungen und menschlichen Konflikte aufgelöst, so daß wir eins sind mit dem Universum, mit Gott. So leben wir in einem höheren Bewußtseinszustand.

Das siebente Chakra birgt alle Möglichkeiten und Eigenschaften der sechs übrigen Chakras in sich. Es ist eng verbunden mit dem achten Chakra, von dem aus es das himmlische Licht empfängt, das sich dann im ganzen Körper ausbreitet. Durch diese reine, intensive Strahlung hat das Kronen-Chakra Einfluß auf unsere Körperzellen, auf unsere Gedanken und Intuitionen, auf unsere tiefsten Wünsche, auf unser Vorstellungsvermögen, auf unser Leben mit all seinen Einschränkungen.

Von diesem violetten Chakra aus leben wir in einem Wunder ohne Grenzen, transformiert, im Licht, in Liebe für alles, was ist.

Voraussetzung für dieses reine Offensein und Ausstrahlen sind die Öffnung und das Ausstrahlen der Haut des Beckenbodens und der Haut der Fußsohlen, die – auch unter den Zehen – zur Erde hin geöffnet ist.

Dann strahlen auch die »Tropfen« an unseren Fingerspitzen heilende Kraft aus.

Von der violetten Bewußtseinsebene aus leben wir, wie schon gesagt, wie in einem Wunder. Unsere verschärften Sinne machen uns aufmerksam auf die Schöpfung, auf die kosmische Intelligenz, auf Gott. Wir fühlen uns verbunden mit allem, was lebt, und es erzeugt einen Strom von Dankbarkeit, Liebe und reinem Glück, daran teilhaben zu dürfen.

Wie reinigen wir das violette Chakra noch stärker, so daß wir uns von dort aus zum neunten Chakra hin öffnen dürfen? Indem wir uns selbst kennen! Dabei helfen die übrigen Chakras mit ihren Farben und mit den ihnen zugeordneten Gebärden. Wir können eben weder in unsere eigenen tiefsten inneren Welten noch in die anderer eindringen, wenn wir keine bestimmte Methode haben, die uns zeigt, was unser Bewußtsein tut. Indem wir uns all unserer Wünsche, Nöte und Antriebe bewußt werden, all dessen, was wir ablehnen und doch manchmal auch zulassen, lernen wir unsere innere Welt kennen. Wenn wir wach im Jetzt leben, können wir uns bewußt ordnen und uns für das Licht und die positiven Dinge entscheiden, durch die wir wachsen und so die Welt um uns herum verändern.
Diesem Chakra ist die Gebärde der offenen, gegenseitig ausstrahlenden Handflächen zugeordnet:

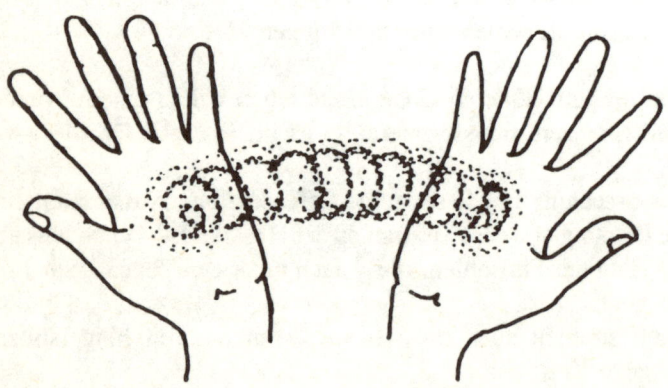

22 Unser Gehirn

In den vorausgegangenen Kapiteln und Übungen haben wir wahrnehmen können, daß wir merklich besser funktionieren, wenn wir ein Organ oder einen Körperteil entspannen und durch Atem und Konzentration beleben. Nicht nur unser Skelett, unsere Muskeln und Gelenke, sondern auch unsere Drüsen und unser Nervensystem werden kräftiger und gesünder.

Das gute Funktionieren unseres Gehirns ist mit abhängig von der Entspanntheit unseres Hinterkopfs, der Augen, des Nackens, des Halses, ebenso wie der Kehle, der Schulterblätter und Oberarme. Weiterhin ist auch inneres Loslassen entscheidend, wodurch der Akzent von Nacken und Schultern in die Tiefe unserer Beckenschale verlagert wird.

Stellen wir uns unseren Nacken-, Kehl- und Halsbereich als einen Tunnel von warmem, lilafarbenem Licht vor. So läßt unser Ego-Denken in die Tiefe unserer Beckenschale hinein los, und wir fühlen sogleich tiefe Entspannung in unseren Augen, in unserem Hinterkopf, im ganzen Kopfbereich, in Gesicht, Nacken und Hals und in unserer Kehle, durch Brustkorb, Arme und Hände hindurch. Dieses Loslassen der Spannungen müssen wir ganz aufmerksam verfolgen und innerlich in den jeweiligen Körperbereichen anwesend sein. Dadurch lernen wir unsere schwachen Stellen kennen. Auch Zunge und Kieferngelenke spielen hierbei eine wichtige Rolle.

Wir können dies sofort fühlen, wenn wir uns vorstellen, daß unsere Zunge in himmelblauem Licht gebadet wird. Spannungen an der Spitze, an den Rändern und mitten auf der Zunge lösen sich. Unser Gaumen, unsere Kiefer und Kieferngelenke lassen aus tiefen Schichten Spannungen los. Wieder entspannt sich gleichzeitig auch unser Gesicht mit.

Je mehr wir das himmelblaue Licht in uns zulassen, um so mehr nehmen wir die Entspannung unserer Zunge durch unseren Körper hindurch wahr, sowohl in der Tiefe unseres Beckens bis in die Haut des Beckenbodens hin, durch Beine und Füße zum neunten Chakra, als auch nach oben zur Haut unseres Schädels zum achten Chakra hin. Dies kurz als ein anschauliches Beispiel für Entspannung in tieferen Schichten unseres Körpers durch das Hinzuziehen von himmelblauem Licht.

Wir summen dazu »Om« in verschiedenen Tonhöhen, hoch, tiefer und ganz tief. Wir horchen innerlich auf die Vibrationen durch uns hindurch, wir vertiefen dadurch die Entspannung, auch in unserem Gehirn. Das Summen und Wechseln der Tonhöhen läßt unseren Stimmumfang an Höhe und Tiefe, an Wärme und Kraft gewinnen.

Um in den Raum unseres Gehirns eindringen zu können, benötigen wir ein verfeinertes Instrument, eine verfeinerte psychische Antenne, auch »Antakarana« genannt (anta = innen, karana = Handlungen). Antakarana nennen wir das Instrument, das wir in uns schaffen, indem wir unsere Sinne verschärfen, so daß wir die kosmischen Signale auffangen können, um unseren Auftrag auf der Erde mit mehr Aufmerksamkeit und Kenntnis auszuführen.

Dieses Instrument wirkt um so verfeinerter und vollkommener, je mehr wir uns dessen bewußt werden, daß wir selbst dieses Instrument mit unserem Bewußtsein spielen. Durch unsere Aufmerksamkeit und durch das Atmen vom kosmischen Auge her »bespannen« wir unser Instrument mit immer feineren Saiten unseres inneren Lebens. So lernen wir, uns auf die feinsten kosmischen Vibrationen einzustimmen bis hin zu den gröbsten, aus denen heraus wir handeln, zum Beispiel Aggression, Wut, Neid, Emotionen, die in uns gespeichert und verdrängt sind. Wir müssen in uns selbst nach den Ursachen für diese negativen Gefühle suchen. Sonst lernen wir nicht, mit unserem Instrument auf die rechte Weise umzugehen. Die Noten müssen genau gespielt werden, und das Abstimmen auf die Schwingungsstrahlen der kosmischen Vibrationen muß sehr sorgfältig erfolgen.

Die Antakarana gleicht einem Elfenmantel, gewoben aus unsichtbaren Lichtstrahlen, der uns umhüllt. Wenn wir unser Instrument nicht sehr aufmerksam pflegen, kann es zu einer groben Antenne werden. Das ganze Universum ist angefüllt mit Vibrationen, auch Klangvibrationen.

Je nachdem, von wo aus wir diese Klangvibrationen vernehmen, empfinden wir sie als Lärm oder als wundervolle Musik.

Unser kosmisches Auge verbindet uns mit den kosmischen Energien. Unser Instrument entsteht aus kosmischem Bewußtsein und kann nur von unserem Bewußtsein aus bespielt und von unserm inneren Ohr belauscht werden.

Wir wollen nun einmal das innere Ohr in uns aufsuchen. Es liegt auf der Linie, die vom Punkt der Weisheit, durch das kosmische Auge zum Sakral-Chakra hin verläuft, und zwar auf der Höhe der Kehle über dem Kehlkopf, etwas hinter der Mitte. Wenn wir dort hinein unsere Aufmerksamkeit legen, fühlen wir das Entspannen und das Wachwerden. Erst wenn unser inneres Ohr und sein Bereich geöffnet sind, können wir die Antakarana, unser Instrument, in die kosmische Musik einstimmen lassen.

Die Antakarana, dieses verfeinerte Antennen-System in uns, ist eine Kombination des höheren Denkens, das mit dem großen Selbst verbunden ist, und des Egos. Wir überbrücken die Distanz zwischen unserem Körper und der Antakarana durch unser kosmisches Auge, durch unser Atmen von dort aus und durch den Gebrauch des vergrößerten rechten Auges. So bilden wir eine Einheit mit dem All. Die elektromagnetische Energie befindet sich in unserem Chakra-System. Diese Energie unterscheidet sich nicht von den vitalen physischen Energien, von denen unser Körper abhängig ist.

Indem wir im Ausatmen unser kleines Ich, unser Ego, mitnehmen zum tiefen Fühlen in unserer Beckenschale, tun wir den ersten Schritt zur Umwandlung grober Energien in feinere. Weitere Hilfe erhalten wir aus unserem Chakra-System, das unsere elektromagnetischen Energien bei regelmäßigem Üben und Reinigen verstärkt, sie im Körper verteilt und durch die Haut nach außen ausstrahlt.

Wenn wir vom kosmischen Auge aus leben und atmen, sind wir mit dem kosmischen Licht verbunden und verstärken durch dieses Licht die kosmischen Energien in uns. Wir verfeinern die Antakarana und helfen ihr durch das Wachstum unserer Gedanken und das Reinigen unseres Gedankenlebens. Jede Gedankenaktivität und sogar alle unbewußten Nachlässigkeiten werden von dieser verfeinerten Antenne registriert.

Die Antakarana bildet auch die Brücke, die wir mit unseren Vorstellungen zwischen dem physischen Körper und dem Ätherleib errichten. Die Verbindung zwischen diesen beiden Körpern besteht aus strahlenden Bahnen vitaler Energien, wie sie zwischen den Polen eines Magneten auftreten. Diese psycho-physischen Energien strömen durch die Chakras hin und her.

Bevor wir mit dem inneren Wahrnehmen der Funktionen unseres Gehirns fortfahren, machen wir eine Übung, die uns hilft, uns besser in unseren Gehirnraum einzufühlen und ihn wahrzunehmen.

Übung I:

Wir liegen auf dem Rücken, die Beine leicht gespreizt, die Füße fallen nach außen. Die Arme sind locker, und die Hände liegen entspannt auf unserem Unterbauch, so daß die Handgelenke zu den Hüftgelenken weisen. Die Finger- und Daumenspitzen weisen ebenfalls zueinander hin.

Wir atmen ein und empfangen die Erdkräfte durch den Boden, durch unser kosmisches Auge, unsere Bauchhöhle, durch die Haut hindurch, nach oben verfließend.

Wir atmen aus und empfangen Licht und Kraft des Himmels durch uns hindurch, durch den Boden zur Erde hin. Wir stellen uns vor, daß wir uns in unserer Schale befinden und diese

Energieströme zwischen Erde und Himmel wahrnehmen, wach im Jetzt. Wir erfahren ein Zunehmen der Energie in unserer Schale und im Beckenboden, das starke Ausstrahlen unseres kosmischen Auges, den Reinigungsprozeß in unserem Inneren und schließlich das starke Ausstrahlen unserer Aura zwischen dem neunten und dem achten Chakra.

Wir nehmen uns ganz ruhig die Zeit, alles nachzufühlen und abzutasten.

Langsam entsteht in uns tiefes und stilles Atmen. Alles wird still um uns her und in uns.

Spüren Sie, wie alles sich entspannt und ordnet. Wir fühlen uns in unserem Körper zu Hause und nehmen wahr, was unser Körper fühlt. Immer deutlicher merken wir, wo wir noch festsitzen.

Wir öffnen durch unsere Aufmerksamkeit unsere Blutbahnen in uns, an den Stellen, die sich noch nicht mit dem übrigen Körper geöffnet haben. Wir gebrauchen unsere Vorstellungskraft und sehen, wie das Blut strömt und die betreffende Stelle warm wird. Wir spüren unsere geöffnete Haut, die geöffneten Blutgefäße.

Nun wenden wir unsere Aufmerksamkeit dem Gehirn zu. Eine weiße und graue Masse, ineinander verschlungen und gedreht, durch eine lange, schmale Furche in zwei laterale Halbkugeln mit einer Vorder- und einer Rückseite unterteilt.

Wir stellen uns dies so vor, wie wir es auf Abbildungen gesehen haben, und führen uns das Bild so lange vor Augen, bis sich ein wunderbar warmes Gefühl in unserem ganzen Kopf ausbreitet. Manchmal prickelt es leicht wie ganz feine Nadelstiche.

Wir vereinfachen den Prozeß, indem wir uns vorstellen, daß die Blutgefäße im Gehirn weit genug sind, um größere Mengen Blut in sich aufzunehmen. Sie werden rosarot. Die Anhäufung von Blutzellen hat die Wärme entstehen lassen, die wir schon zuvor fühlten.

Vom Gehirn aus wandern wir jetzt mit unserer Aufmerksamkeit zu den Augen, und wir stellen uns vor, daß sie zwei Kugeln gleichen, die jeweils von vier Muskelsträngen gehalten werden, genauso wie eine alte Petroleumlampe an vier Ketten von der Decke hängt.

Wenn man die Blutgefäße und Muskeln auf diese Weise imaginiert hat, weiten sie sich und können mehr Blut aufnehmen, das die umliegenden Muskeln erwärmt, so daß diese sich entspannen. Sie erzeugen in uns das Gefühl, daß die Augäpfel in ihre Höhlen zurücksinken.

Wir konzentrieren uns weiter und lassen uns nicht ablenken, wir gehen tiefer in die Entspannung hinein. Sollten unsere Gedanken trotzdem spazierengehen, so bringen wir sie geduldig zurück. Auf diese Weise entwickeln wir unser Konzentrationsvermögen.

Wir stellen uns vor, wie das warme Blut durch die erweiterten Blutgefäße zur Stirn hin fließt, unsere Schläfen sind entspannt, ebenso wie Ohren und Ohrmuscheln, Wangen und Wangenknochen, unsere Nase, Mund, Lippen und Zunge, unsere Kiefern und Kieferngelenke, unser Kinn und das Grübchen im Kinn.

Überall sind wir anwesend, an jeder Stelle, die unsere Aufmerksamkeit braucht, so lange, bis sie sich warm anfühlt und wir das Prickeln der Energie wahrnehmen können. Immer tiefer erfahren wir Entspannung in uns. Ist unser ganzer Körper daran beteiligt?

Wir wandern weiter, durch unseren Nacken, unsere Schultern, Arme, Hände, Finger und zwischen den Fingern.

Wir lassen innerlich los, von den Schultern zu unserer Schale, dem Unterbauch, unserer Mitte und ihrer Tiefe. Wir tasten diese Tiefe ganz ab, auch zur Rückseite, zu unseren Nieren hin. Sind auch sie entspannt?

Jetzt strahlen wir von unserer tiefen Beckenschale und dem kosmischen Auge her mit weichem, goldgelbem Licht durch den entspannten, leeren Kopf:
- am Haaransatz entlang, rundherum,
- hinter den Ohren entlang,

- unter den Augenbrauen,
- durch die Kiefergelenke,
- durch den Hinterkopf,
- durch die Medulla (von außen nach innen).

Jetzt strahlen wir
- mit weichem blauem Licht durch die Nackenwirbel, den Mund, den Raum der Kehle und durch die Zunge,
- mit türkisem Licht durch unsere Schultern, Arme und Hände,
- mit grüngoldenem Licht durch unseren Brustkorb, unter das Brustbein, durch die Rippen und um die Schulterblätter herum,
- mit weißem, himmlischem Licht durch den Scheitel und den Hinterkopf hindurch zum Nackentor (fünfter und sechster Nackenwirbel), durch die Wirbelsäule hindurch bis in die Füße und die Zehenknöchel zum neunten Chakra hin.

So empfangen wir auch das weiße, himmlische Licht, das durch das Kronen-Chakra zum Atlas und von dort an der ganzen Wirbelsäule entlang fließt.

Dann gibt es keine Wünsche und Fragen mehr. Wir *sind*. Das ganze Gewebe und alle Nerven unseres Körpers antworten, und tiefe Entspannung ist die Folge. Dieses Gefühl tiefer Entspannung nehmen wir lebendig in uns auf. Mit der Zeit können wir immer schneller darüber verfügen.

Wir atmen dann weit rundherum leicht ein, und mit dem Wort »entspannen« (oder »relax«) atmen wir aus.

Kraft, Wärme, Entspannung strahlen durch uns hindurch, sind von selbst da, unmittelbar und total. Versuchen Sie, dies jeden Abend vor dem Einschlafen zu wiederholen.

Es fällt uns jetzt leichter, unser Gehirn abzutasten. Entscheiden Sie selbst, ob Sie dies im Liegen oder im Sitzen tun wollen, wenn Sie nur entspannt sind.

Früher dachte man, daß das Zentrum unseres Bewußtsein in unserem Herzen läge, heute wissen wir jedoch, daß die am höchsten entwickelte Funktion des Gehirns wie ein Verbindungsglied zwischen dem Bewußtsein und den übrigen Gehirnfunktionen wirkt.

Wir begeben uns zuerst zur linken Gehirnhälfte. Sie hat die Vorherrschaft beim analytisch-logischen und beim verbalen und mathematischen Denken. Die linke Gehirnhälfte sorgt für systematisierte Information.

Die rechte Gehirnhälfte befaßt sich mit ganzheitlichem Verstehen. Das In-Worte-Fassen zusammenhängender Gedanken und daraus resultierendes Handeln sind hier begrenzt. Die rechte Gehirnhälfte beherrscht die linke Körperhälfte und ist verantwortlich für künstlerische, schöpferische Fähigkeiten, für die Vorstellungskraft, die Begabung für handwerkliche Arbeit, für räumliches Denken, Erinnern von Gesichtern und das Sich-leiten-Lassen durch eine verfeinerte Intuition.

Nur unzureichend bekannt ist, daß in jeder Gehirnzelle sämtliche Erinnerungen aller Körperzellen gespeichert sind. Sie können durch Autosuggestion, Hypnose oder durch Programmieren unserer Erinnerungen dahin trainiert werden, bewußt jede andere Funktion zu übernehmen.

Früher standen bestimmte Muskeln oder Gelenke im Zentrum unseres Interesses, heute jedoch gibt es viele Menschen, die in ihrem Kopf, im Gehirn zum ersten Mal Bewegung wahrnehmen: wie das Gehirn Signale zu anderen Körperteilen aussendet und von ihnen empfängt.

Vielleicht kann ich dies in der nachfolgenden zweiten Übung erfahrbar machen. Man darf es nicht mit dem Entspannen von Muskeln in der Kopfhaut verwechseln oder mit dem Gefühl, das durch eine Veränderung des Blutkreislaufs in uns entsteht.

Selbstverständlich können wir die Veränderungen in unserem Gehirn nicht so eindeutig wahrnehmen, wie dies bei Muskeln und Gelenken möglich ist, aber man erlebt deutlich eine tiefe Entspannung und große Klarheit in der Wahrnehmung. Auch unser Hinterkopf mit seinen vielen Spannungen verändert sich merklich.

Wir, die wir größtenteils in einer rechtshändigen Gesellschaft leben, deren Schwerpunkt auf der linken Gehirnhälfte liegt, denken, daß dies die Wirklichkeit ist, und erst in neuester Zeit werden wir uns dessen bewußt, daß wir große Teile unseres Gehirns nicht nutzen. Außerdem erkennen wir nun auch, daß diese Spezialisierung der Gehirnteile an sich irreführend ist.

Schauen Sie sich einmal die Fische an, die ein ungeteiltes Gehirn haben und leben und sich bewegen können, ohne getrennte oder spezialisierte Funktionen zu besitzen. Wir sind nicht nur auf den Gebrauch unseres linken und rechten Auges angewiesen, wir besitzen auch ein großes inneres Auge, das, wenn wir es entwikkeln und gebrauchen, intuitiv sieht und weiß: unsere Zirbeldrüse (Epiphyse).

Die Zirbeldrüse arbeitet außerdem auch wie eine Antenne. Wenn jemand hinter uns steht und uns auf den Nacken schaut, fühlen wir dies sofort und drehen uns um. Diese Drüse arbeitet eng mit der Medulla und dem sechsten Chakra zusammen.

Bei der Organisation unseres Gehirns und auf dem Weg zu seinen höheren Funktionen hin gelangen wir auf verschiedene Bewußtseinsniveaus und identifizieren uns mit ihnen. Die Niveaus des Bewußtseins sind durch unsichtbare Mauern voneinander getrennt und stellen dadurch sehr unterschiedliche, voneinander getrennte Welten dar, in denen wir leben. Wenn unser Geist und unsere Erinnerungen durch soziale Gewohnheiten programmiert werden, können wir uns mit einem ganzen Netzwerk von hochkultivierten Verhaltensweisen aus dem orangen Nabel-Chakra identifizieren. Aber auf dem Niveau unserer niedrigsten sinnlichen Funktionen, die von einem anderen Teil des Gehirns aus gesteuert werden, bleiben wir dennoch Primitive.

Wenn wir zum Beispiel böse oder beleidigt sind, so entspringen diese Reaktionen dem Bereich des Kleinhirns, der eng mit der Medulla und dem Sakral-Chakra verbunden ist. Es ist gut, wenn wir uns bewußt sind, daß dieser primitive Teil des Gehirns existiert, denn sonst könnten wir uns nicht weiter entfalten. Die Menschen würden sich dann nicht verändern und ebensowenig die Welt als Ganzes.

Die Evolution der Gesellschaft verläuft parallel zur Erschließung der höheren Funktionen im Gehirn, die auf den sieben Ebenen des Bewußtseins und auf den sieben großen Zentren der Chakras beruhen.

Das Königreich des Himmels liegt im Innern eines jeden Menschen und bringt uns neue Werte, ein neues Verständnis, neue Gedanken und ein neues Bewußtsein dessen, was wahrhaftig und gut ist.

Übung II:

Diese Übung können wir sowohl sitzend in Meditationshaltung als auch in entspannter Rückenlage ausführen.

Wir beginnen wieder mit dem Atmen zwischen Erde und Himmel, unser kosmisches Auge funktioniert dabei wie eine »Durchreiche«. Wenn wir sitzen, erfahren wir die Energien zwischen Vorder- und Rückseite durch unsere Beckenschale hindurch. Dies wurde ausführlich in der vorausgegangenen Übung beschrieben.

Wenn wir wahrnehmen, daß wir gereinigt sind und offen zwischen Erde und Himmel, wenn zwischen dem neunten und achten Chakra rundherum eine starke Aura strahlt, wenn unser Atmen so still geschieht, daß »Es« durch uns hindurch zu atmen scheint, schließen wir unsere Augen und begeben uns in unsere Mundhöhle hinein.

Wir durchfühlen die Mundhöhle, wir tasten diese Höhle innerlich ganz aufmerksam ab und nehmen wahr, wie sich Spannungen lösen und verschwinden.

Wir werden uns unserer Zunge bewußt, wir tasten die Ränder ab, die Spitze, die Mitte und auch nach hinten in Richtung des Zäpfchens.

Wir fühlen, wie unser Kopf transformiert.

Wir fühlen in unsere Zähne hinein, in die Zahnwurzeln, in die Kiefern und Kiefergelenke, den Hinterkopf, die Medulla, setzen tief ihre Spannungen in Licht um.

Wir erfahren die Kuppelform unseres Gaumens, die der Kuppelform unseres Scheitels entspricht. Beide, Gaumen und Scheitel öffnen uns zum Himmel hin, zum achten Chakra, das sein gleißend reines Licht durch uns hindurchstrahlt.

Wir fühlen unter unserer Zunge in alle dort liegenden Drüsen hinein, dadurch lösen sich viele Spannungen auf: in den Kiefergelenken, am unteren Rand des Hinterkopfes (Okzipital-Rand), hinter den Ohrmuscheln im Hinterkopf.
Wir tasten nun noch einmal durch die Mundhöhle als Ganzes und nehmen sorgfältig wahr, ob dieser Raum wirklich gereinigt ist, und daß unser Kopf nun transformiert und scheinbar grenzenlos ist.

Wir gehen jetzt in unsere Nase hinein und erfahren zuerst die Höhle des linken Nasenlochs bis ins Nasenwurzelauge. Dann atmen wir mit dem linken Nasenloch ein und aus, während wir das rechte mit einem Finger zuhalten. Anschließend wechseln wir und begeben uns in das rechte Nasenloch, bis in das Nasenwurzelauge hinein und atmen dann mit dem rechten Nasenloch ein und aus, während wir das linke abschließen. Wir nehmen die Veränderungen an Kopf und Gesicht wahr.
Nun atmen wir durch beide Nasenlöcher gleichzeitig ein und aus. Wir achten dabei nicht mehr auf das Atmen, sondern auf die Nasenhöhle. Wir fühlen weit nach hinten, folgen dem Atem bis tief in die Nase und nehmen wahr, was geschieht.

Wir fühlen um und durch die Ränder unserer Augenhöhlen und auch tief in unsere Augen hinein, ob dort noch Spannungen bestehen.
Auch in den Augäpfeln. Wie schwer fühlen sich unsere Augäpfel an?
Was liegt hinter den Augen?

Wir gehen so tief wie möglich in unseren Kopf hinein und während wir ständig mit den Augen in Verbindung bleiben, versuchen wir uns vorzustellen, was hinter den Augen im Raum unseres Gehirns liegt.

Versuchen Sie zu fühlen, wie es im Innersten Ihres Kopfes aussieht, und stellen Sie sich vor, wo Ihr Gehirn sich befindet.

Versuchen Sie, die Gehirnhälften zu erfühlen, ebenso die Furche in der Mitte.

Nun suchen wir den Gehirnstamm auf. Wir fühlen, wo Gehirnstamm und Wirbelsäule zusammentreffen. Wir konzentrieren uns auf den Gehirnstamm.

Wir versuchen uns vorzustellen, daß wir unsere Augen mit dem Tor des Kleinhirns verbinden, mit der länglichen Vertiefung, die oberhalb der dritten Kuhle unter dem Scheitel liegt, am Bogen der Medulla im Hinterkopf. Als ob eine Linie von jedem der beiden Augen zum Tor des Kleinhirns verliefe.

Nehmen Sie die Impulse zwischen Augen und Gehirntor wahr, wie sie sich hin und her bewegen.

Lichtkräfte durchstrahlen uns.

Mit unserer Aufmerksamkeit gehen wir nun etwas höher in einen Raum hinter unseren Augen, dabei atmen wir weiter vom kosmischen Auge aus. Wir stellen uns vor, daß wir beim Ein- und Ausatmen Linien wahrnehmen, die von unseren Augen zum Inneren unseres Kopfes verlaufen, zum Punkt der Weisheit.

Was bewirkt das in uns? Wo fühlen wir tiefe Entspannung, Transformation? Spüren wir es auch woanders in unserem Körper?

Nun gehen wir weiter zur Brücke zwischen der Epiphyse und dem Punkt der Weisheit

und zwischen Epiphyse und Scheitelpunkt.

Dann von den Pupillen zum Punkt der Weisheit.

Von den Pupillen schauen wir zum Haarrandauge und zur Hypophyse auf und nehmen innerlich wahr.

Vom Punkt der Weisheit gehen wir nun zum rechten Auge, danach zum linken Auge.

Danach vom rechten Auge zum linken Auge und weiter zum

Punkt der Weisheit und von dort aus in unsere linke Gehirnhälfte.

Wir nehmen wahr, wie es innerlich geworden ist. Ob in uns eine
Einheit besteht mit allem, was *ist,* mit Gott.

Wir fühlen die Veränderung im Körper und das innere Licht in
uns.

Wir ruhen uns eine Weile aus, atmen ruhig weiter und erfahren
die Veränderung in uns.

Dann schlucken wir und zwinkern mit den Augen. Wir strecken
uns von der Tiefe unserer Beckenschale her aus und gähnen.

Nun atmen wir zwischen dem achten und neunten Chakra aus, bis
wir unser Gerade-Sein deutlich spüren.

Und wie fühlen wir uns sonst? Nehmen wir schärfer wahr? Ist
unser Hinterkopf hell und geräumig? Fühlen wir uns entspannt
und spüren wir noch andere Auswirkungen?

Sind wir wacher im Jetzt als vorher?

Fortsetzung Übung II:

Wenn wir ausgeruht sind, fahren wir fort. Nun, da wir so klar und
wach im Jetzt sind, nehmen wir deutlich das Gehirn wahr.

Wir setzen uns wieder in Meditationshaltung hin und verwurzeln
uns in der Sitzfläche unseres Bänkchens. Wenn wir im halben
oder ganzen Lotussitz sitzen, verwurzeln wir mit unserem heiligen Dreieck in den Boden. Wenn wir liegen, atmen wir zwischen
dem achten und neunten Chakra aus. Wir atmen vom kosmischen
Auge her ein.

Sobald wir ganz still und andächtig atmen, richten wir unsere
Aufmerksamkeit auf den Punkt der Weisheit. Von diesem Punkt
aus gehen wir in das rechte Auge, anschließend ins linke Auge.

Der Punkt der Weisheit ist die Spitze eines Dreiecks, dessen
Basis zwischen dem linken und dem rechten Auge liegt.

Vom Punkt der Weisheit gehen wir nun in unsere linke Gehirnhälfte. Wir spüren, wie sich unsere Füße sehr tief und weit zur

Erde hin öffnen. Viel Spannung fließt aus unserem Körper in die Erde ab.

Jetzt gehen wir vom Punkt der Weisheit in unseren linken Gehörgang.
Sogleich spüren wir, daß unsere linke Schulter nicht frei ist. Wir lassen die linke Schulter in unsere Beckenschale hinein los.
Vom Punkt der Weisheit aus gehen wir nun in den rechten Gehörgang. Auch die rechte Schulter lassen wir innerlich los.
Wir fühlen, wie Spannung aus den Achselhöhlen abfließt, an den Körperseiten und den Außenrändern unserer Füße entlang.

Wir stellen uns noch einmal den Raum unseres Gehirns mit seinen Windungen vor und wie wir mit unseren Händen liebevoll darüber streichen.
Wir stellen uns vor, daß das Gehirn sich zusammenziehen und anschließend wieder ausdehnen kann. Auch dadurch löst sich viel Spannung.
Wir reden unserem Gehirn gut zu und sagen, daß wir ihm für seine Arbeit sehr dankbar sind und daß wir sein Funktionieren immer besser verstehen werden.
Fühlen Sie den Raum, den das Gehirn in Ihrem Kopf einnimmt, und wie sicher und geborgen es im kuppelförmigen Schädel liegt.
Tasten Sie nun ab, ob es einen Unterschied zwischen Ihrer rechten und linken Gehirnhälfte gibt, und schauen Sie mit dem vergrößerten rechten Auge nach innen.
Ob es einen Unterschied zwischen der rechten und linken Körperhälfte gibt,
zwischen dem rechten und linken Arm,
zwischen der rechten und linken Hand.
Wie fühlen sich von diesem lebendigen Gehirnraum aus unsere Wirbelsäule, unsere Nackenwirbel, unsere Beckenschale mit dem Beckenboden, unsere Fußsohlen an?
Merken wir jetzt, daß Innen Außen und außen innen geworden

ist? Im Thomas-Evangelium heißt es, dies bedeute, daß Gottes Königreich auf Erden angebrochen ist.

Wir fühlen, daß wir gereinigt sind, neu geboren, voller Energie. Wir schlucken, zwinkern mit den Augen. Wir strecken uns und gähnen.
Wir atmen aus zwischen dem achten und neunten Chakra, begeben uns in unsere Füße hinein und legen dorthin den Akzent.
Wir drehen uns auf die Seite und stehen langsam und ruhig auf.

23 Das Begleiten des Transformationsprozesses

Die vorausgegangenen Kapitel und die darin angegebenen Einfühlübungen haben uns gezeigt, daß Transformation nicht nur beim physischen Sterben stattfindet, sondern auch in diesem Leben möglich ist. Meistens ist eine ernsthafte Krankheit oder ein tief schockierendes Erlebnis die Ursache dafür, daß wir unsere Haltung dem Leben gegenüber völlig ändern müssen. Kompromisse können wir uns dann nicht mehr erlauben. Wenn wir uns für diesen Transformationsprozeß entscheiden, müssen wir eine direkte Entscheidung treffen.

Wir werden uns unserer konditionierten Lebensweise und der mit ihr verbundenen Werte bewußt, vor allem Geborgenheit, sowie der verschiedenartigsten materiellen, sozialen und kulturellen Vorstellungen. Dabei haben wir unser intuitives Wissen wegrationalisiert, und so ist Disharmonie entstanden.

In tiefer Selbsterforschung suchen wir nach den Spannungen in unserem Leben, in unseren Beziehungen, in Familie und Beruf, mit Freunden, bis wir schließlich zu uns selbst gelangen. Wenn wir so Einsicht in uns selbst gewinnen und wenn wir bemerken, wie wir uns unserem Wesen entfremdet und wie sehr wir uns von unserem Lebensauftrag entfernt haben, dessen sich jeder von uns in seiner Tiefe bewußt ist, dann ist auch der Mut da, unsere Lebenseinstellung und unser Lebensmuster von Grund auf zu verändern.

Wir werden innerlich von einer gebündelten Kraft berührt, die viel stärker ist als unsere eigene. Dies erfüllt uns mit Entsetzen, wenn wir es gewöhnt sind, aus unserem Ego heraus und in den Grenzen unserer Haut zu leben. Wir haben nun die Wahl, innerhalb unserer eigenen persönlichen Egostruktur zu bleiben oder zu versuchen, durch Gebet und Meditation über unsere Grenzen hinausgehend, an universellem Erleben teilzuhaben.

Durch Gebet und Meditation verbinden wir uns mit unserem Wesen, das unmittelbar mit Gott verbunden ist. So können wir uns wirklich einer höheren Ordnung übergeben. Wir sind dann in der Lage, alles, was uns vorher Gewißheit gab und uns in unserem Leben absicherte, loszulassen: finanzielle Sicherheit, beruflichen Erfolg, Besitz, sogar Familie und Freunde. Den Schmerz, den es bereitet, uns von denen zu lösen, die uns lieb sind und die nicht verstehen, warum wir sie verlassen, obwohl sie uns doch brauchen, müssen wir aushalten.

Dieses Loslassen kann uns große vitale Kraft schenken, die aus der Tiefe unserer Schale emporsteigt, da wir uns mit absoluter Sicherheit dessen bewußt sind, daß dies der richtige Weg für uns ist. Nur von unserem kosmischen Auge, von unserer Chi-Schale aus ist Transformation möglich, und nur so durchstrahlt die intensive kosmische, uns heilende Strahlung jede Zelle in uns.

Daher kann Krankheit für uns ein Signal unseres Wesens sein, das Veränderung von uns fordert und uns vor die Wahl stellt, ob wir den nach außen gerichteten Weg, den Weg unseres Egos, gehen wollen oder den Weg unserer Seele. Wir werden gezwungen, nach innen zu schauen, auf den Weg, der schon immer in uns existierte. Wenn wir uns weigern, diesen Weg zu sehen, oder ihn überhaupt negieren, so ist dies Mitursache unseres Krankseins.

Wenn wir uns also diesem Signal entziehen und uns selbst daran hindern, aktiv zu werden, fliehen wir in einen Krankheitsprozeß. In unserer extravertierten Einstellung verkennen wir, daß unser Bewußtsein auf äußere Werte und auf ein konditioniertes Lebensmuster gerichtet ist. In einem solchen Fall leistet Krankheit oder psychische Verwirrung für uns das, was wir selbst nicht direkt oder bewußt tun wollten oder konnten. Wenn unser extravertierter Geist die Wünsche unseres Wesens nicht in die Tat umsetzen kann oder will, tut dies das Unbewußte für uns und findet einen Ausweg, damit unsere Seele sich befreien kann. Dieser Ausweg durch Krankheit und Tod kann nicht der Ausweg sein, den der nach außen gerichtete Geist sucht, und so kann der Geist im Widerstand gegen die Seele dem entgegenwirken; körperliche, geistige oder emotionale Erkrankung sind die Folge. Transformation führt stets zu einer Lösung, sei es Heilung oder Tod.

Im bewußten Arbeiten an der Spiegelung von Seele und Geist in unserem Körper und umgekehrt haben wir erfahren, daß der Geist, wenn er von der Quelle seines Daseins, von der Seele abgeschnitten ist, einem Körper ohne Gehirn gleicht und nur auf minimalem Niveau funktionieren kann. Die Seele belebt den Geist, so wie der Geist den Körper belebt.

Wir können dies zum Beispiel bei ernsthaften Gehirnverletzungen, bei Gehirnerkrankungen und beim Koma beobachten. Dann funktioniert der Körper nur noch auf minimalem Niveau. Wenn Körper, Seele und Geist zuammenwirken, wird der Transformationsprozeß in uns beschleunigt.

Indem wir die Einfühlübungen immer weiter verfeinern und dadurch die kosmischen Energien in uns zunehmen, lernen wir, reiner wahrzunehmen. Dann entwickelt sich die Beschaffenheit unseres Geistes, und unsere Blockaden lösen sich immer mehr auf. Es ist nämlich der Geist, der die spirituellen Blockaden aufbaut, nicht der Körper. Wenn wir durch unseren Atem bewußt mit unserem Wesen verbunden sind (unser kosmisches Auge in der Chi-Schale ist dessen Spiegelung in unserem Körper), dann kapituliert das Ego vor dem Wesen, und auf diese Weise können viele Krankheiten verschwinden.

Im Transformationsprozeß werden wir uns bewußt, daß wir die meisten Erfahrungen unseres Lebens als etwas von außen Kommendes wahrnehmen, obgleich es sich doch eigentlich um unsere Projektionen auf die Wirklichkeit handelt. Wir müssen erkennen, daß dies unsere Projektionen sind, sie in uns zurücknehmen und in das Verstehen des großen Selbst in uns integrieren. Wir müssen sie anschauen und aushalten, bis sie sich auflösen oder von uns genommen werden.

Dies erfordert Mut. So lernen wir, daß die Triebfeder jedes Problems von uns selbst kontrolliert wird und deshalb verändert werden kann.

Wenn wir von unserem kosmischen Auge her atmen, verbinden wir uns mit den kosmischen Energien und lernen klar zu unterscheiden, daß es keine Grenze zwischen Innen und Außen gibt, zwischen innerer und äußerer Wirklichkeit. Indem wir uns dessen bewußt werden, lernen wir, daß alles, was uns verletzt, uns leiden läßt, uns ängstlich und einsam macht, auch Angst vor Krankheit und Tod, sich in diesem kosmischen Verbundensein auflöst und von uns genommen wird.

Tiefer und intensiver, als Worte es je ausdrücken könnten, in Übergabe an ein höheres Bewußtsein, getragen zwischen Erde und Himmel und in einem Gefühl des Verbundenseins mit allem, was ist, verschwinden Krankheit und Schmerzen.

Der Begleiter bei diesem inneren Weg der Transformation befindet sich auf dem Bewußtseinsniveau oder Chakra, auf dem er verschärft im Geist des Klienten wahrnimmt, sich aber auch telepathisch auf die gleiche Vibration einschwingt, auf der sich die Seele des Klienten befindet. So erhält der Begleiter Einsicht in die speziellen funktionellen Kräfte, die sich in der Seele des Klienten spiegeln.

Der Begleiter, der mit der Transformation arbeitet, steht nicht nur in Kontakt mit den Strömen seiner eigenen Seele, sondern auch mit denen der Seele des Klienten, und dies in einem tiefen, gegenseitigen Vertrauen. Diese Fähigkeit des Begleiters entwickelt sich durch Meditation und tief reinigende Einfühlübungen weiter. Angestrebt wird, daß auch der Klient lernt, sich auf diese Weise zu vertiefen.

Der Begleiter hat in Meditation und Übergabe in sich die Möglichkeit der Bewußtseinserweiterung und damit auch der verfeinerten Kontrolle der eigenen Chakras entwickelt. So wird er zum Instrument zwischen Erde und Himmel.

Er macht sich bewußt, daß der Klient ein Spiegel seines eigenen Bewußtseins ist und daß er als Begleiter ebenso für den Klienten ein Spiegel ist. Der Begleiter vergißt nicht, daß die Triebfedern des Klienten auch in ihm selbst vorhanden sind, und arbeitet gleichzeitig in sich selbst daran. Er weiß, daß in der Gesamtheit seines Wesens auch das Wesen des Klienten enthalten ist.

Deshalb braucht der Klient eigentlich nichts zu erzählen, weder verbal noch emotional noch durch seinen Körper, denn der Begleiter weiß allein durch sein Bewußtsein alles vom Klienten. Alles, was er wissen muß. Der Begleiter ist sich auch dessen bewußt, daß der Klient in gleicher Weise bewußt ist und ebenfalls die Möglichkeit hat, zu wissen, was der Begleiter erschaut und fühlt. Es ist eine sehr persönliche Angelegenheit zwischen beiden.

Am Anfang, wenn es dem Klienten noch schwer fällt, sich zu öffnen, können Begleiter und Klient gemeinsam summen. Durch die Kraft der Vibration öffnen sich verschlossene Körperbereiche und schwingen mit. Die Behandlung von verschlossenen Körperbereichen mit Energie aus den Händen oder mit Druckpunktmassage an den Füßen hilft hier. Dies ist später nicht mehr notwendig.

Der Begleiter ist sich bewußt, daß das eigentliche Problem des Klienten viel tiefer liegt, auf einer tieferen Bewußtseinsebene als der, auf der der Klient seine Schwierigkeiten wahrnimmt. Deshalb richtet der Begleiter seine Energie zunächst auf die Bewußtseinsebene, auf die der Klient seine Aufmerksamkeit konzentriert hat. Anschließend versucht der Begleiter, mit seiner wechselnden Energiefrequenz das Problem im Klienten zu verstehen und zu durchstrahlen.

Wenn der Klient jedoch nicht mitarbeiten will und an der Oberfläche des Problems bleibt, geschieht nichts. In diesem Fall kann der Begleiter versuchen, das Bewußtsein des Klienten zu erhöhen, wodurch klarere Einsicht möglich wird. Der Klient wird durch die Zusammenarbeit mit seinem Begleiter von seinem eigenen Körperenergiefeld in das höhere Energiefeld des Begleiters gehoben, in diesem Fall in ein elektromagnetisch geladenes Energiefeld. Dies geschieht ohne körperlichen Kontakt.

Indem der Begleiter vom kosmischen Auge aus atmet und lebt, bewegt sich die kosmische Energie von dort aus weiter zum

Sonnengeflecht und zum Herz-Chakra. Die reine Liebe, die vom Herz-Chakra zum Klienten hin ausstrahlt, hebt diesen aus seiner eigenen Problemebene heraus. So gewinnt er Einsicht und kann sich nicht länger mit seinem Problem identifizieren.

Als Begleiter arbeiten wir direkt mit den Chakras des Klienten, und der Klient arbeitet mit durch den Atem, durch Handgebärden, Farben und Summen. Auf diese Weise kann der Klient sein Problem auf einem höheren Bewußtseinsniveau betrachten, ohne daß ihn dies aufwühlt. Wenn er die Entscheidungsfreiheit und die neuen Werte akzeptiert, die er sich auf dieser höheren Bewußtseinsebene vorstellen kann, verändert sich die Form, in der sich die Krankheit oder die Probleme äußern, und er wird dann beginnen, auf eine neue Lebensform hinzuarbeiten.

Dieses neue Engagement, dieser neue Entschluß und die Weiterverfolgung beider liegen in der alleinigen Verantwortung des Klienten.

Solange Begleiter und Klient auf jenem hohen Bewußtseinsniveau zusammenarbeiten, fördert der Begleiter soviel wie möglich vom Wesen des Klienten an die Oberfläche, soviel der Klient verkraften kann. Der Klient lernt auf diese Weise das Ziel seines Wesens kennen, seinen Auftrag. Der Begleiter lehrt den Klienten, selbst in einen höheren Bewußtseinszustand zu gelangen und in diesem täglich immer länger zu verweilen.

Es ist notwendig, die Sitzungen auf ein Band aufzunehmen, damit der Klient lernt, sein Egodenken mit seinen Absicherungen, seinen Ängsten und Sorgen im Ausatem loszulassen und in die Tiefe der Chi-Schale mitzunehmen, wo Erneuerung und Transformation stattfinden. Auf diese Weise kann der Klient zu Hause sein Bewußtsein auf die gleiche Bewußtseinsebene bringen wie bei der Sitzung. Wenn er sich nicht an die kritischen Momente während der Sitzung erinnern kann, hört er auf dem Band immer wieder seine Probleme und die Methode, wie sie gelöst werden, bis die Schwierigkeiten der Vergangenheit angehören.

Der Begleiter arbeitet auch mit den Träumen des Klienten. Dies tut er nicht in erster Linie, um den Traum zu interpretieren, sondern eher, um dem Klienten die Beziehung zwischen Traum und Außenwelt vor Augen zu führen, weil diese Beziehung uns stets zeigt, auf welchem Bewußtseinsniveau wir im gegenwärtigen Augenblick leben.

Es ist natürlich möglich, daß der Klient auf die Problemebene seines Bewußtseins zurückfällt, und es ist deshalb besser, wenn der Begleiter diese Rückfälle mit dem Klienten selbst durcharbeitet. Der Klient kann so erfahren, wie schockierend es ist, in der Energie und im Bewußtsein zurückzufallen.

Anschließend weist der Begleiter den Klienten noch einmal auf das Wunder des Transformationsprozesses hin, auf die darin enthaltene Möglichkeit der persönlichen Entwicklung und auf das Öffnen dieses inneren Weges. Dann fühlt der Klient sich inspiriert und auch in der Lage, selbständig weiterzumachen, ohne vom Begleiter abhängig zu sein.

Begleiter und Klient sehen einander anfänglich alle sechs Wochen einmal, später kann es einmal in drei Monaten sein. Symptome wie Angst, Furcht und Depression verschwinden, und der Klient lernt, mehr und mehr aus einem natürlich erweiterten Bewußtsein heraus zu leben.

In der Arbeit mit Gruppen ist das Energiefeld um ein Vielfaches intensiver, als das Feld des Begleiters allein es sein kann. Der Begleiter muß ganz und gar präsent sein und jedes Gruppenmitglied in sein Bewußtsein aufnehmen.

In einer Gruppe kann, zumeist bedingt durch Erschöpfung, eine negative Stimmung entstehen. Entspannungsübungen, reinigende und Stille erzeugende Übungen, Meditation und der totale vitale Einsatz des Begleiters heben dies wieder auf.

Wenn der Begleiter offen ist zwischen Erde und Himmel, Instrument im Sinne des »Dich durch mich«, dann entartet seine Leitung nicht zu einem dominanten Dirigieren, und auch er wächst innerlich daran. Es ist notwendig, daß seine Seele durchströmt wird.

24 Sitzen in unserer eigenen tiefen Stille

Wenn wir im Sitzen Stille erleben dürfen, sind wir ohne Worte. Nach dem, was wir erfahren, dürfen wir nicht greifen, denn dann ist die Stille verschwunden.

Später, wenn wir uns an das Erlebte erinnern, treten uns deutlich die strahlenden, warmen Sitzknochen vor Augen und auch die Art und Weise, wie wir mit unserer Sitzfläche das Kissen oder Bänkchen oder den Boden und die darunter liegende Erde erfahren haben.

Die Sitzknochen sind der Ort, an dem wir immer erneut unsere Mitte und ihre Tiefe wiederfinden, wenn wir – bedingt durch Erschöpfung, Emotionen oder durch einen tiefen inneren Schock – diesen Kern in uns verloren haben.

Auch jetzt suchen wir, während wir sitzen, zu Anfang die Sitzknochen wieder auf und lassen sie in dem, worauf wir sitzen, verwurzeln. Wir sind mit unserer Aufmerksamkeit an dieser Stelle. Wir nehmen wahr, wie die Sitzknochen zu warmen, stark ausstrahlenden kleinen Sonnen werden und wie unser heiliges Dreieck sich öffnet.

Unser kosmisches Auge hilft mit, unsere Beckenschale zu einer goldenen Chi-Schale voller Licht rundherum zu öffnen.

Wir atmen ganz ruhig und andächtig. Wir nehmen wahr, was in uns geschieht. Die Haut des Beckenbodens, die Haut der Gesäßnaht strahlen Energie aus, die Leisten öffnen sich und strahlen stark bis in die Hüftgelenkspfannen.

Die Oberschenkel lassen ihre Spannung los und senken sich ein wenig, die Kniegelenke vibrieren und die Unterschenkel und Füße lassen Spannung in die Erde abfließen. Wir fühlen, wie unsere Beine einander wahrnehmen, sie spiegeln sich aneinander.

Von unseren entspannten Beinen und Füßen, unseren transformierten Knien nehmen wir erneut die strahlende Energie unserer Beckenschale wahr.

Wir haben das Bedürfnis, uns innerlich über unsere Wirbelsäule zu strecken.

Von unserem Beckenboden aus fühlen wir, wie wir innerlich gerade werden, durch alle Wirbel hindurch, durch unseren Kopf und darüber hinaus. Erst dann sitzen wir gerade.

Wenn wir den gleichen Weg zurückgehen, lassen wir uns innerlich los, Schultern, Arme, Hände. Der Akzent liegt in der Tiefe unseres Beckens. Wir sind wie ein atmender Baum mit fein verzweigten Wurzeln in unserem Beckenboden und mit starken Wurzeln durch Beine und Füße hin, erdverbunden.

Wir folgen den Wurzeln bis ins neunte Chakra, das 40 cm unter unseren Füßen liegt, und nehmen dort die Verwurzelung wahr.

Wir erfahren, wie unser Körper gereinigt wird, alles, was negativ ist, löst sich nun auf, und über unserem Kopf entfaltet sich zum achten Chakra hin eine Krone aus strahlend weißglänzenden Blättern. Die Blätter spiegeln das weiße himmlische Licht durch uns hindurch zu den Wurzeln des Baumes im neunten Chakra.

Zwischen dem achten und neunten Chakra sitzen wir, wach im Jetzt, und verfolgen als Zuschauer, was in uns geschieht.

Wenn wir auf diese Weise gereinigt sind, spüren wir besonders deutlich die Bereiche in uns, die noch nicht mitvibrieren.

Bei fast jedem von uns sind die Kiefergelenke auch dann noch nicht ganz frei von Spannung. Wir gehen weit, geräumig und tief in die Kiefergelenke hinein. Unsere Kiefern und Zahnwurzeln werden nun warm und lebendig.

Diese Entspannung setzt sich durch die Knochen unseres Gesichts und des gesamten Kopfes fort. Unsere Maske fällt. Unser Gesicht wird weich und warm, die Augen werden liebevoll und strahlend. Es ist, als ob ein Lächeln über unser Gesicht glitte.

Diese warme, weiche Entspannung erfaßt unseren Kopf sowie Nacken-, Hals- und Kehlbereich.

Wenn wir unsere Schultern und Schultergelenke abtasten, merken wir, daß wir immer noch nicht wirklich in unsere Beckenschale hinein losgelassen haben.

Wir gehen daher in unsere Schultergelenke hinein, als würden wir Grotten betreten. Wenn wir dabei unser vergrößertes rechtes Auge gebrauchen, können wir gleichzeitig links und rechts eintreten und bis in die Wirbelsäule hinein weitergehen, bis in den Mittelkanal, die Sushumna. Dieser Mittelpfeiler, die Sushumna, verbindet – durch uns hindurch – Himmel und Erde miteinander und erstrahlt ständig im weißen, himmlischen Licht.

Bei der Begegnung von links und rechts, von Yin und Yang in der Wirbelsäule scheint die Last, die wir dort tragen, zu explodieren. Was sich dabei löst, wird abgeführt:

- nach oben über den Scheitel;
- zu den Schultergelenken, Armen und Händen über unsere Finger und zwischen den Fingern hindurch, weg von uns;
- über Wirbelsäule und Rücken zu den Sitzknochen und ihren Vorderseiten, durch Beine und Füße zur Erde hin;
- über unsere Achselhöhlen und Seiten entlang den Außenseiten der Füße und kleinen Zehen zum neunten Chakra, zur Erde hin.

Ein unglaublich freies Gefühl erfüllt uns, wenn wir die Last auf unserem Nacken in die Tiefe unseres Beckens hinein losgelassen haben, wo wir uns in uns selbst geborgen fühlen. Becken- und Bauchraum scheinen uns aufzufangen und zu umringen. Wir befinden uns in unserer eigenen Atmosphäre, wo wir frei atmen können. Manchmal ist die Temperatur dort etwas kühler, manchmal etwas wärmer.

Wir spüren dort auch die Anwesenheit anderer Menschen, die wir innerlich zulassen, um mit ihnen zu teilen, was wir an Wärme und heilender Kraft in uns tragen. Die Strahlung, die dort für uns da ist in dem Moment, in dem wir sie suchen, ist so wohltuend, daß es fast scheint, als warte etwas oder jemand auf uns, um uns diese Strahlung zu schenken. Die Angst vor dem Sprung in die Tiefe, die wir oft als einen Abgrund erfahren, nimmt ab, und das Vertrauen wächst in uns.

Von unserem Becken-Bauch-Raum aus nehmen wir unsere

Hände wahr. Wir legen unsere rechte Hand in die linke, unsere Daumen legen wir gegeneinander. Wir atmen ruhig durch und fühlen, wie von unseren Handzentren aus Energie durch die Handgelenke, Unterarme, Ellbogen, Oberarme, Schultergelenke und Schultern zum sechsten und siebten Nackenwirbel und zum ersten Brustwirbel, unserem Nackentor, hinaufstrahlt. Das Nackentor ist yang-geladen und strahlt auf dem gleichen Weg Energie zu den Händen zurück.

So entsteht ein Ring von feinen, reinen Energien zwischen den Handzentren und dem Nackentor, die langsam zu den übrigen Nackenwirbeln und den drei Kuhlen zwischen den Knochen des Hinterkopfes unter dem Scheitel durchstrahlen, ja sogar über den Kopf hinaus bis zum achten Chakra. Wir fühlen ein verfeinerndes Transformieren unseres Kopfes und Gesichts, des Nackens, des Halses und des Kehlbereichs.

Dann setzen sich die feinen Ringe von sehr heller blauer Energie auch nach unten hin fort, durch die Brustwirbel zu den Lendenwirbeln hin. Die verfeinernde Transformation breitet sich in diesem gesamten Bereich aus. Das Gebiet unseres Sonnengeflechts wird dadurch stark gereinigt.

Wir gehen weiter abwärts mit unserer Aufmerksamkeit und spüren, daß die Energie kraftvoll und warm wird, je tiefer wir hinabsteigen. Wir sind nun im Bereich unseres kosmischen Auges in unserer Chi-Schale angelangt.

Während wir dann ruhig weiter mit in die Tiefe absinken, durch Beine und Füße zum neunten Chakra hin, fühlen wir den großen Unterschied zwischen den gereinigten feinen Energien und den kraftvollen kosmischen Energien unseres kosmischen Auges. Diese müssen so kraftvoll sein, damit sie uns heilen und damit wir sie mit anderen teilen können.

Wir fühlen, wie unsere Hände eins sind mit unserem Becken-Bauch-Raum. Um noch bewußter und tiefer in unserem Becken da zu sein und seine warme Tiefe zu erfahren, begeben wir uns in die Räume unseres linken und rechten Hüftgelenks hinein. Wir wandern bis zur Mitte hin. Diese Räume sind spürbar heller, geräumiger und wärmer als die unserer Schultergelenke. Das ist so, weil das kosmische Auge mit der Sushumna, dem Mittelkanal unserer Wirbelsäule, auf der Linie zwischen den Zentren der beiden Hüftgelenke zusammenfällt. Auch hier erfahren wir eine Explosion und Verstärkung von weißem Licht und kosmischer Energie, wodurch unsere Schale noch weiter, wärmer und strahlender und das Atmen für uns leichter wird.

Wir versuchen, mit unserem Atem mitzugehen. Wir lassen mit dem Ausatem los.

Im Einatem steigen wir erneuert auf, rundherum rund.

Ganz still und im vertrauensvollen Wissen, daß es sich in der Tiefe unserer Beckenschale warm und gut anfühlt, atmen wir aus.

Wir haben nun nicht mehr das Gefühl, aus Angst vor dem, was in der Tiefe verborgen liegt, aus dem Einatem heraus schnell wieder ausatmen zu müssen.

Sitzen Sie da und akzeptieren Sie, falls sie doch noch vorhanden sein sollte, die tiefe Angst, auch wenn Sie beben und unsicher in sich selbst hineinschauen, während Sie in die Beckenschale hineingeführt werden. Wir wissen, daß wir in dieser weiten, vertrauten Wärme in unser Stückchen Erde kommen, in unseren Boden. Langsam löst sich die Angst auf. Gleichzeitig verändert sich unser Sitzen. Vom kosmischen Auge aus erhebt sich der Einatem.

Es ist möglich, daß beim Übergang zwischen Ein- und Ausatem noch etwas Angst vorhanden ist. Wir nehmen ruhig wahr, wie auch diese Angst verschwindet, je mehr Ausatem und Einatem zu einem einzigen Raum verschmelzen, der uns nicht mehr verläßt.

Indem wir uns loslassen,
uns niederlassen,
uns einswerden lassen mit unserem Boden und
uns von dort aus erneuert wieder kommen lassen
verändert sich etwas in uns.
Was wir bewußt mit dem Ausatem loslassen, ist nicht nur der

Einatem, in dem wir unsere Schale entfalten und rundherum rund werden lassen. Wir lassen auch los, was wir in allem vorausgegangenen Ein- und Ausatmen geworden waren, und dadurch verändert sich etwas in unserer Form.

Stellen wir uns den Ausatem als eine Welle vor. Wenn wir im Ausatmen loslassen, um uns von der Welle in den Energieströmen mittragen zu lassen, fühlen wir, wie abhängig wir von unserem Egodenken sind.
Das Egodenken ist in unserer Stirn und im Hinterkopf angesiedelt. Dort sichern wir uns ab. Alles, was wir erleben, was wir erfahren, wollen wir in Begriffen und Gewißheiten festlegen.

- Angst haben wir vor der Freiheit,
- Angst vor dem Loslassen intellektueller Sicherheiten,
- Angst vor dem Sprung in die Tiefe,
- Angst vor der Entscheidung,
- Angst vor der Konfliktsituation,
- Angst vor dem Verlassenwerden,
- Angst vor Abhängigkeit,
- Angst, etwas zu verlieren,
- Angst vor dem Unbekannten,
- Angst vor Krankheit,
- Angst vor dem Tod.

Je deutlicher wir den Sprung erfahren, um so größer wird die Einsicht in unsere Abhängigkeit, die sich in Angst ausdrückt. Wer kennt nicht die Angst, Glück zu verlieren, eine geistige Überzeugung loszulassen, ein Ziel, das wir uns gesteckt hatten, einen Erfolg, den wir anstrebten, eine Illusion, die wir pflegten, Geborgenheit, die wir nicht preisgeben wollten, ein Vorurteil, das wir benutzten, um jemanden, der uns bedrohlich erschien, beiseite zu schieben.

An dieser Stelle hören viele auf zu üben, die nicht durch die Angst hindurch, mit Einsicht in sich selbst wahrnehmen konnten, daß sie weitermachen müssen und nicht aufhören dürfen! Wir müssen innerlich sterben. Wenn wir durch diesen inneren Tod hindurchgegangen sind, nimmt alles die Form an, die uns bestimmt ist. Alle Dinge ordnen sich zu Mustern.

Wenn wir uns so im Loslassen üben, wird uns bewußt, was es ist, das uns abhält. Wenn wir uns darauf einlassen und uns diesen Hindernissen übergeben, wird uns klar, daß wir innerlich sterben müssen, um uns unserem großen Selbst zu übergeben, daß wir nicht mehr aus unserem Ego heraus leben können und dürfen, in dem wir bisher emotional und intellektuell mit all unseren geplanten Sicherheiten lebten.

Das bewußte Ausatmen und unsere Aufmerksamkeit im Kreuzpunkt zwischen Ein- und Ausatem in unserem kosmischen Auge, im Chi, läßt uns deutlich den Unterschied zwischen Ego und großem Selbst erkennen. Wir dürfen in uns wahrnehmen, wie wir in Energie transformieren, wodurch der Raum in uns und um uns eins wird. Wir fühlen die Wärme unserer Nackenwirbel, das Abnehmen des Drucks im Schulterbereich, einen belebteren Unterbauch. Wenn wir dieses Loslassen üben, merken wir, daß wir es wagen, uns in der Tiefe des Beckenbodens niederzulassen. Die Angst ist dem Vertrauen gewichen.

Dies ist innerlich spürbar am untersten Punkt des linken und rechten Schulterblattes. Die Schulterblätter sind nun nicht mehr schmerzhaft gespannt, sondern strahlen warm aus. Wenn wir uns in der Tiefe niederlassen, gelangen wir in unseren Urboden, in unser Stückchen Erde. Dort haben wir Teil an der Erde selbst und an der Welt um uns.

Unsere Haut atmet mit dem großen kosmischen Atem durch alle offenen Poren hindurch. Dann durchflutet uns eine Welle von Vertrauen, Dankbarkeit und Glück.

Sollten wir einmal in einem neu aufkommenden Angstgefühl auf halbem Wege im Ausatem steckenbleiben, so daß der Raum in uns sich wieder schließt, so weist dies darauf hin, daß wir im Gebiet unseres Sonnengeflechts oder in unserem Brustkorb festsitzen. Dann ist der Druck in unserer Kehle wieder der alte. Dies braucht uns jedoch nicht mehr zu erschrecken, denn wir wissen aus Erfahrung, daß in unserem tiefen Beckenraum unbegrenzte Mengen von Wärme, Kraft und Licht auf uns warten.

Der Ausatem führt ins *Nichts* – »Mu«, wie die Japaner es nennen. Wenn wir unser Ego losgelassen haben, werden wir Teil eines Seins ohne Anfang und Ende, wir erfahren Freiheit, tiefe Stille, eine große Leere, ohne Grenzen.

Der Ausatem bringt uns wieder in unseren Körper zu unserem kosmischen Auge hin.

Wenn wir uns im Einatem neu und verändert fühlen, können wir nicht umhin zu erkennen, daß wir innerlich im vorausgegangenen Ausatem von etwas ganz Besonderem berührt worden sind.

Durch das Einatmen erfahren wir die Kraft der kosmischen Energie und kommen so zu einer anderen, einer runden Form und Gestalt. Der Einatem stammt aus dem *Nichts,* vom Empfangen gelangen wir zu unserem Selbst, zu unserem Kern.

Sich loslassen,
sich niederlassen,
sich neu kommen lassen.

Wenn wir uns loslassen und uns niederlassen, folgt ein Neuentstehen aus der tiefen Stille in uns.

Wir verstehen dann, was Atem für uns bedeutet. Atem verbindet Innen und Außen in uns. Atem reinigt uns und hilft uns, unser Dunkel, unsere Fehler, alles, was uns einschränkt, mit dem Ausatem loszulassen. Atem erneuert, reinigt, macht uns wach, füllt uns mit neuer Energie, entspannt, gibt Ruhe, lehrt uns Konzentration, wenn wir uns nur selbst Zeit lassen, beharrlich weitermachen mit dem Sitzen in Dankbarkeit für das, was die Stille uns gibt.

Aus unserem ehemaligen Zerrissen- und Gespaltensein wächst in der Stille eine Einheit mit unserem Leben und mit dem Weg, den wir gehen müssen, auch dann, wenn wir mit unserer persönlichen Problematik konfrontiert werden.

Diese persönliche Problematik erzeugt Spannungen in unserem Körper, die wir bewußt loszulassen lernen. So lösen sich emotionale, materielle und geistige Fixierungen. Auch die dunklen

Seiten unseres Charakters, die Zeit, Ruhe und Stille erfordern, damit wir die tiefen Einfühlübungen machen können. Sie helfen uns, bewußt an diesen Fixierungen zu arbeiten, und sie führen uns schließlich zum Einswerden mit unserem Wesen.

Dieses Bewußtwerden kann durch Gespräche, durch das Deuten von Träumen, durch Summen, Zeichnen und durch tiefe Meditationsübungen erfolgen.

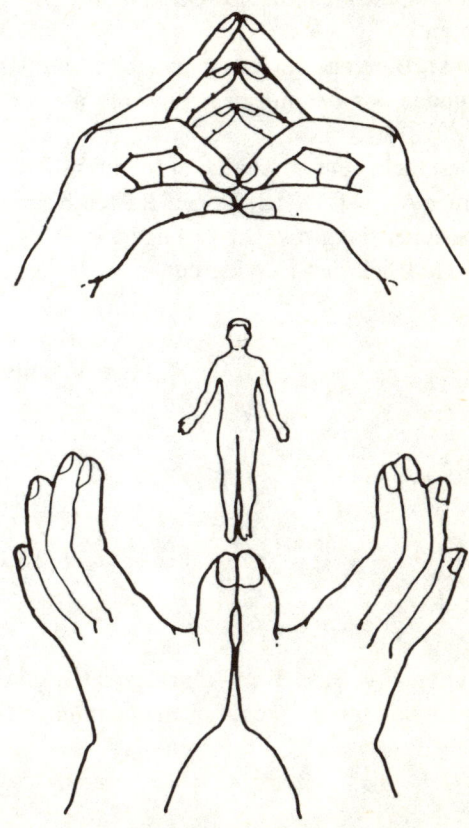

Alle Handgebärden stammen entweder von Darstellungen Buddhas oder sind meine eigenen Entdeckungen, die ich während meiner Einfühlübungen gemacht habe.

Wir können in unserem täglichen Leben üben, bewußt bei unserem Atem zu bleiben. So sind wir bewußt in unserem Körper anwesend. Wenn wir an der Bushaltestelle oder in der Post in einer Schlange warten müssen, können wir durch unsere Fußsohlen hindurch loslassen zur Erde hin, dann nach oben, zum Himmel hin. Wenn wir – falls das möglich ist – kurz in uns selbst zurückkehren, nimmt unser Körperbewußtsein zu. Wir sind mit hundertprozentiger Aufmerksamkeit bei dem, was wir tun. Dies hilft uns, uns auch beim Sitzen in der Stille genau der Bereiche in uns bewußt zu sein, die nicht transparent sind, nicht mitvibrieren, nicht mitstrahlen.

Indem wir diese Bereiche loslassen und so neuer Kraft Platz machen, verbinden wir uns mit unserem Wesen.

> Ich bin erwacht. Du hast mich aufgerufen.
> Und außer Atem folg' ich Deiner lichten Spur.
> Ich habe lebenslang mit Dir gerungen –
> Bei Dir find' ich den Frieden nur.

Ida Gerhardt
(aus: Verantwoording)

Hetty Draayer

Finde dich selbst durch Meditation

Anleitungen und Übungen für den inneren Weg
153 Seiten. Kartoniert

Die Evolution des Menschen zu einem kosmischen Wesen
– fähig zu Liebe, Weisheit und Verständnis – ist heute nicht
nur not-wendig, sondern auch möglich.
Dieses Buch zeigt den Weg: er führt über den heilenden
Wachstumsprozeß der Meditation, verstanden als umfas-
sendes Geschehen, das den ganzen Körper einbezieht und
transformiert. Der Schlüssel dazu ist unser Atem. Zur
Vorbereitung und Begleitung gehört tägliches Üben. Deshalb besteht jedes der 24 Kapitel aus einem einführenden
Text und sorgfältig abgestimmten Übungen, durch die wir
zu tiefer Entspannung von Körper, Seele und Geist gelangen. Die Übungen sind so abgefaßt, daß jeder sie für sich
auf Band sprechen kann.
Durch konsequentes Üben und Meditieren können wir uns
selbst heilen und nach und nach unsere Sinne verfeinern –
bis hin zur Fähigkeit »innerer Wahrnehmung«. So
erschließt sich uns eine »zweite«, höhere Wirklichkeit,
und wir beginnen, unsere persönliche Verbindung zum
Kosmischen, zu Gott, zu erfahren und den Menschen mit
Intuition, Wärme und heilenden Kräften zu begegnen.

Kösel-Verlag · München

Hetty Draayer

Offen zwischen Erde und Himmel

Anleitungen und Übungen für den inneren Weg
131 Seiten. Kartoniert

In diesem Folgeband zu Hetty Draayers »Finde dich selbst durch Meditation« führt die Autorin uns in 15 Lektionen, die wiederum jeweils aus einführender Betrachtung und anschließender Übung oder Meditation bestehen, weiter auf dem inneren Pfad.

Es geht um innere Wahrnehmung, um eine für uns neue, intuitive Art des Erfahrens und Denkens und um die »Übergabe«, das vertrauensvolle Loslassen des »kleinen Ich« zum großen Selbst. Wichtig ist der Themenbereich »Energie«: verschiedene Energie-Formen, verschiedenartige Vibrationen sowie Farben und Töne. Breiten Raum haben spirituelle Fragen und meditative Praxis. So lernen wir immer mehr, unseren Körper als Spiegel von Seele und Geist wahrzunehmen, erfahren wir immer bewußter, was Meditation wirklich beinhaltet: Einswerden mit dem Kern unseres Wesens, von daher allmähliche Transformation unseres Körpers und Vertiefung unserer Wahrnehmung, so daß wir empfindlicher werden für das innere Licht.

Kösel-Verlag · München